U0122900

心一堂術數古籍珍本叢刊

書名：《命學苑苑刊——新命》（第一集）附《名造評案》《名造類編》等

系列：心一堂術數古籍珍本叢刊　星命類　第二輯　143

作者：【民國】林庚白、張一蟠等

主編、責任編輯：陳劍聰

心一堂術數古籍珍本叢刊編校小組：陳劍聰　素聞　鄒偉才　虛白盧主

出版：心一堂有限公司

通訊地址：香港九龍旺角彌敦道六一〇號荷李活商業中心十八樓〇五一〇六室

深港讀者服務中心‧中國深圳市羅湖區立新路六號羅湖商業大厦負一層〇〇八室

電話號碼：(852)67150840

網址：publish.sunyata.cc

電郵：sunyatabook@gmail.com

網店：http://book.sunyata.cc

淘寶店地址：https://shop210782774.taobao.com

微店地址：https://weidian.com/s/1212826297

臉書：https://www.facebook.com/sunyatabook

讀者論壇：http://bbs.sunyata.cc/

版次：二零一八年十一月初版

平裝

定價： 港幣　　一百七十八元正

　　　新台幣　六百九十八元正

國際書號：ISBN 978-988-8582-10-5

版權所有　翻印必究

心一堂微店二維碼

心一堂淘寶店二維碼

香港發行：香港聯合書刊物流有限公司

地址：香港新界大埔汀麗路36號中華商務印刷大厦3樓

電話號碼：(852)2150-2100

傳真號碼：(852)2407-3062

電郵：info@suplogistics.com.hk

台灣發行：秀威資訊科技股份有限公司

地址：台灣台北市內湖區瑞光路七十六巷六十五號一樓

電話號碼：+886-2-2796-3638

傳真號碼：+886-2-2796-1377

網絡書店：www.bodbooks.com.tw

台灣國家書店讀者服務中心：

地址：台灣台北市中山區松江路二〇九號一樓

電話號碼：+886-2-2518-0207

傳真號碼：+886-2-2518-0778

網絡書店：http://www.govbooks.com.tw

中國大陸發行　零售：深圳心一堂文化傳播有限公司

深圳地址：深圳市羅湖區立新路六號羅湖商業大厦負一層〇〇八室

電話號碼：(86)0755-82224934

心一堂術數古籍 珍本 整理 叢刊 總序

術數定義

術數，大概可謂以「推算（推演）、預測人（個人、群體、國家等）、事、物、自然現象、時間、空間方位等規律及氣數，並或通過種種『方術』，從而達致趨吉避凶或某種特定目的」之知識體系和方法。

術數類別

我國術數的內容類別，歷代不盡相同，例如《漢書·藝文志》中載，漢代術數有六類：天文、曆譜、五行、蓍龜、雜占、形法。至清代《四庫全書》，術數類則有：數學、占候、相宅相墓、占卜、命書、相書、陰陽五行、雜技術等，其他如《後漢書·方術部》、《藝文類聚·方術部》、《太平御覽·方術部》等，對於術數的分類，皆有差異。古代多把天文、曆譜、及部分數學均歸入術數類，而民間流行亦視傳統醫學作為術數的一環；此外，有些術數與宗教中的方術亦往往難以分開。現代民間則常將各種術數歸納為五大類別：命、卜、相、醫、山，通稱「五術」。

本叢刊在《四庫全書》的分類基礎上，將術數分為九大類別：占筮、星命、相術、堪輿、選擇、三式、讖諱、理數（陰陽五行）、雜術（其他）。而未收天文、曆譜、算術、宗教方術、醫學。

術數思想與發展──從術到學，乃至合道

我國術數是由上古的占星、卜筮、形法等術發展下來的。其中卜筮之術，是歷經夏商周三代而通過「龜卜、蓍筮」得出卜（筮）辭的一種預測（吉凶成敗）術，之後歸納並結集成書，此即現傳之《易

經》。經過春秋戰國至秦漢之際，受到當時諸子百家的影響、儒家的推崇，遂有《易傳》等的出現，原本是卜筮術書的《易經》，被提升及解讀成有包涵「天地之道（理）」之學。因此，《易·繫辭傳》曰：「易與天地準，故能彌綸天地之道。」

漢代以後，易學中的陰陽學說，與五行、九宮、干支、氣運、災變、律曆、卦氣、讖緯、天人感應說等相結合，形成易學中象數系統。而其他原與《易經》本來沒有關係的術數，如占星、形法、選擇，亦漸漸以易理（象數學說）為依歸。《四庫全書·易類小序》云：「術數之興，多在秦漢以後。要其旨，不出乎陰陽五行，生尅制化。實皆《易》之支派，傅以雜說耳。」至此，術數可謂已由「術」發展成「學」。

及至宋代，術數理論與理學中的河圖洛書、太極圖、邵雍先天之學及皇極經世等學說給合，通過術數以演繹理學中「天地中有一太極，萬物中各有一太極」（《朱子語類》）的思想。術數理論不單已發展至十分成熟，而且也從其學理中衍生一些新的方法或理論，如《梅花易數》、《河洛理數》等。

在傳統上，術數功能往往不止於僅僅作為趨吉避凶的方術，及「能彌綸天地之道」的學問，亦有其「修心養性」的功能，「與道合一」（修道）的內涵。《素問·上古天真論》：「上古之人，其知道者，法於陰陽，和於術數。」數之意義，不單是外在的算數、歷數、氣數，而是與理學中同等的「道」、「理」--心性的功能，北宋理氣家邵雍對此多有發揮：「聖人之心，是亦數也」、「萬化萬事生乎心」、「心為太極」。《觀物外篇》：「先天之學，心法也。……蓋天地萬物之理，盡在其中矣，心一而不分，則能應萬物。」反過來說，宋代的術數理論，受到當時理學、佛道及宋易影響，認為心性本質上是等同天地之太極。天地萬物氣數規律，能通過內觀自心而有所感知，即是內心也已具備有術數的推演及預測、感知能力；相傳是邵雍所創之《梅花易數》，便是在這樣的背景下誕生。

《易·文言傳》已有「積善之家，必有餘慶；積不善之家，必有餘殃」之說，至漢代流行的災變說及讖緯說，我國數千年來都認為天災，異常天象（自然現象），皆與一國或一地的施政者失德有關；下

至家族、個人之盛衰，也都與一族一人之德行修養有關。因此，我國術數中除了吉凶盛衰理數之外，人心的德行修養，也是趨吉避凶的一個關鍵因素。

術數與宗教、修道

在這種思想之下，我國術數不單只是附屬於巫術或宗教行為的方術，又往往是一種宗教的修煉手段——通過術數，以知陰陽，乃至合陰陽（道）。「其知道者，法於陰陽，和於術數。」例如，「奇門遁甲」術中，即分為「術奇門」與「法奇門」兩大類。「法奇門」中有大量道教中符籙、手印、存想、內煉的內容，是道教內丹外法的一種重要外法修煉體系。甚至在雷法一系的修煉上，亦大量應用了術數內容。此外，相術、堪輿術中也有修煉望氣（氣的形狀、顏色）的方法；堪輿家除了選擇陰陽宅之吉凶外，也有道教中選擇適合修道環境（法、財、侶、地中的地）的方法，以至通過堪輿術觀察天地山川陰陽之氣，亦成為領悟陰陽金丹大道的一途。

易學體系以外的術數與的少數民族的術數

我國術數中，也有不用或不全用易理作為其理論依據的，如揚雄的《太玄》、司馬光的《潛虛》。也有一些占卜法、雜術不屬於《易經》系統，不過對後世影響較少而已。

外來宗教及少數民族中也有不少雖受漢文化影響（如陰陽、五行、二十八宿等學說。）但仍自成系統的術數，如古代的西夏、突厥、吐魯番等占卜及星占術，藏族中有多種藏傳佛教占卜術、苯教占卜術、擇吉術、推命術、相術等；北方少數民族有薩滿教占卜術；不少少數民族如水族、白族、布朗族、佤族、彝族、苗族等，皆有占雞（卦）草卜、雞蛋卜等術，納西族的占星術、占卜術，彝族畢摩的推命術、占卜術……等等，都是屬於《易經》體系以外的術數。相對上，外國傳入的術數以及其理論，對我國術數影響更大。

曆法、推步術與外來術數的影響

我國的術數與曆法的關係非常緊密。早期的術數中，很多是利用星宿或星宿組合的位置（如某星在某州或某宮某度）付予某種吉凶意義，并據之以推演，例如歲星（木星）、月將（某月太陽所躔之宮次）等。不過，由於不同的古代曆法推步的誤差及歲差的問題，若干年後，其術數所用之星辰的位置，已與真實星辰的位置不一樣了；此如歲星（木星），早期的曆法及術數以十二年為一周期（以應地支），與木星真實周期十一點八六年，每幾十年便錯一宮。後來術家又設一「太歲」的假想星體來解決，是歲星運行的相反，週期亦剛好是十二年。而術數中的神煞，很多即是根據太歲的位置而定。又如六壬術中的「月將」，原是立春節氣後太陽躔娵訾之次，當時沈括提出了修正，但明清時六壬術中「月將」仍然沿用宋代沈括修正的起法沒有再修正。

由於以真實星象的推步術是非常繁複，而且古代星象推步術本身亦有不少誤差，大多數術數除依曆書保留了太陽（節氣）、太陰（月相）的簡單宮次計算外，漸漸形成根據干支、日月等的各自起例，以起出其他具有不同含義的眾多假想星象及神煞系統。唐宋以後，我國絕大部分術數都主要沿用這一系統，也出現了不少完全脫離真實星象的術數，如《子平術》、《紫微斗數》、《鐵版神數》等。後來就連一些利用真實星辰位置的術數，如《七政四餘術》及選擇法中的《天星選擇》，也已與假想星象及神煞混合而使用了。

隨着古代外國曆（推步）、術數的傳入，如唐代傳入的印度曆法及術數，元代傳入的回回曆等，其中我國占星術便吸收了印度占星術中羅睺星、計都星等而形成四餘星，又通過阿拉伯占星術而吸收了其中來自希臘、巴比倫占星術的黃道十二宮、四大（四元素）學說（地、水、火、風），並與我國傳統的二十八宿、五行說、神煞系統並存而形成《七政四餘術》。此外，一些術數中的北斗星名，不用我國傳統的星名：天樞、天璇、天璣、天權、玉衡、開陽、搖光，而是使用來自印度梵文所譯的：貪狼、巨

門、祿存、文曲、廉貞、武曲、破軍等，此明顯是受到唐代從印度傳入的曆法及占星術所影響。如星命

術中的《紫微斗數》及堪輿術中的《撼龍經》等文獻中，其星皆用印度譯名。及至清初《時憲曆》，置閏之法則改用西法「定氣」。清代以後的術數，又作過不少的調整。

此外，我國相術中的面相術、手相術，唐宋之際受印度相術影響頗大，至民國初年，又通過翻譯歐西、日本的相術書籍而大量吸收歐西相術的內容，形成了現代我國坊間流行的新式相術。

陰陽學──術數在古代、官方管理及外國的影響

術數在古代社會中一直扮演着一個非常重要的角色，影響層面不單只是某一階層、某一職業、某一年齡的人，而是上自帝王，下至普通百姓，從出生到死亡，不論是生活上的小事如洗髮、出行等，大事如建房、入伙、出兵等，從個人、家族以至國家，從天文、氣象、地理到人事、軍事，從民俗、學術到宗教，都離不開術數的應用。我國最晚在唐代開始，已把以上術數之學，稱作陰陽（學），行術數者稱陰陽人。（敦煌文書、斯四三二七唐《師師漫語話》：「以下說陰陽人謾語話」，此說法後來傳入日本，今日本人稱行術數者為「陰陽師」）。一直到了清末，欽天監中負責陰陽術數的官員中，以及民間術數之士，仍名陰陽生。

古代政府的中欽天監（司天監），除了負責天文、曆法、輿地之外，亦精通其他如星占、選擇、堪輿等術數，除在皇室人員及朝庭中應用外，也定期頒行日書、修定術數，使民間對於天文、日曆用事吉凶及使用其他術數時，有所依從。

我國古代政府對官方及民間陰陽學及陰陽官員，從其內容、人員的選拔、培訓、認證、考核、律法監管等，都有制度。至明清兩代，其制度更為完善、嚴格。

宋代官學之中，課程中已有陰陽學及其考試的內容。（宋徽宗崇寧三年〔一一零四年〕崇寧算學令：「諸學生習……並曆算、三式、天文書。」「諸試……三式即射覆及預占三日陰陽風雨。天文即預

定一月或一季分野災祥，並以依經備草合問為通。」

金代司天臺，從民間「草澤人」（即民間習術數人士）考試選拔：「其試之制，以《宣明曆》試推步，及《婚書》、《地理新書》試合婚、安葬，並《易》筮法、六壬課、三命、五星之術。」（《金史》卷五十一·志第三十二·選舉一）

元代為進一步加強官方陰陽學對民間的影響、管理、控制及培育，除沿襲宋代、金代在司天監掌管陰陽學及中央的官學陰陽學課程之外，更在地方上增設陰陽學教授員，培育及管轄地方陰陽人。（《元史·選舉志一》：「世祖至元二十八年夏六月始置諸路陰陽學。」）地方上也設陰陽學教授員，於路、府、州設教授員，凡陰陽人皆管轄之，而上屬於太史焉。」（《元史·選舉志一》：「（元仁宗）延祐初，令陰陽人依儒醫例，於路、府、州設教授員，凡陰陽人皆管轄之，而上屬於太史焉。」）自此，民間的陰陽術士（陰陽人），被納入官方的管轄之下。

至明清兩代，陰陽學制度更為完善。中央欽天監掌管陰陽學，明代地方縣設陰陽學正術，各州設陰陽學典術，各縣設陰陽學訓術。陰陽人從地方陰陽學肄業或被選拔出來後，再送到欽天監考試。（《大明會典》卷二二三：「凡天下府州縣舉到陰陽人堪任正術等官者，俱從吏部送（欽天監），考中，送回選用；不中者發回原籍為民，原保官吏治罪。」）清代大致沿用明制，凡陰陽術數之流，悉歸中央欽天監及地方陰陽官員管理、培訓、認證。至今尚有「紹興府陰陽印」、「東光縣陰陽學記」等明代銅印，及某某縣某某之清代陰陽執照等傳世。

清代欽天監漏刻科對官員要求甚為嚴格。《大清會典》「國子監」規定：「凡算學之教，設肄業生。滿洲十有二人，蒙古、漢軍各六人，於各旗官學內考取。漢十有二人，於舉人、貢監生童內考取。」學生在官學肄業、貢監生肄業或考得舉人後，經過了五年對天文、算法、陰陽學的學習，其中精通陰陽術數者，會送往漏刻科。而在欽天監供職的官員，《大清會典則例》「欽天監」規定：「本監官生三年考核一次，術業精通者，保題升用。不及者，停其升轉，再加學習。如能鑽

勉供職，即予開復。仍不及者，降職一等，再令學習三年，能習熟者，准予開復，仍不能者，黜退。」

除定期考核以定其升用降職外，《大清律例》中對陰陽術士不準確的推斷（妄言禍福）是要治罪的。《大清律例‧一七八‧術七‧妄言禍福》：「凡陰陽術士，不許於大小文武官員之家妄言禍福，違者杖一百。其依經推算星命卜課，不在禁限。」大小文武官員延請的陰陽術士，自然是以欽天監漏刻科官員或地方陰陽官員為主。

官方陰陽學制度也影響鄰國如朝鮮、日本、越南等地，一直到了民國時期，鄰國仍然沿用着我國的多種術數。而我國的漢族術數，在古代甚至影響遍及西夏、突厥、吐蕃、阿拉伯、印度、東南亞諸國。

術數研究

術數在我國古代社會雖然影響深遠，「是傳統中國理念中的一門科學，從傳統的陰陽、五行、九宮、八卦、河圖、洛書等觀念作大自然的研究。……傳統中國的天文學、數學、煉丹術等，要到上世紀中葉始受世界學者肯定。可是，術數還未受到應得的注意。術數在傳統中國科技史、思想史，文化史、社會史，甚至軍事史都有一定的影響。……更進一步了解術數，我們將更能了解中國歷史的全貌。」（何丙郁《術數、天文與醫學中國科技史的新視野》，香港城市大學中國文化中心。）

可是術數至今一直不受正統學界所重視，加上術家藏秘自珍，又揚言天機不可洩漏，「（術數）乃吾國科學與哲學融貫而成一種學說，數千年來傳衍嬗變，或隱或現，全賴一二有心人為之繼續維繫，賴以不絕，其中確有學術上研究之價值，非徒癡人說夢，荒誕不經之謂也。其所以至今不能在科學中成立一種地位者，實有數因。蓋古代士大夫階級目醫卜星相為九流之學，多恥道之；而發明諸大師又故為恫恍迷離之辭，以待後人探索；間有一二賢者有所發明，亦秘莫如深，既恐洩天地之秘，復恐譏為旁門左道，始終不肯公開研究，成立一有系統說明之書籍，貽之後世。故居今日而欲研究此種學術，實一極困難之事。」（民國徐樂吾《子平真詮評註》，方重審序）

現存的術數古籍，除極少數是唐、宋、元的版本外，絕大多數是明、清兩代的版本。其內容也主要是明、清兩代流行的術數，唐宋或以前的術數及其書籍，大部分均已失傳，只能從史料記載、出土文獻、敦煌遺書中稍窺一鱗半爪。

術數版本

坊間術數古籍版本，大多是晚清書坊之翻刻本及民國書賈之重排本，其中豕亥魚魯，或任意增刪，往往文意全非，以至不能卒讀。現今不論是術數愛好者，還是民俗、史學、社會、文化、版本等學術研究者，要想得一常見術數書籍的善本、原版，已經非常困難，更遑論如稿本、鈔本、孤本等珍稀版本。

在文獻不足及缺乏善本的情況下，要想對術數的源流、理法、及其影響，作全面深入的研究，幾不可能。

有見及此，本叢刊編校小組經多年努力及多方協助，在海內外搜羅了二十世紀六十年代以前漢文為主的術數類善本、珍本、鈔本、孤本、稿本、批校本等數百種，精選出其中最佳版本，分別輯入兩個系列：

一、心一堂術數古籍珍本叢刊
二、心一堂術數古籍整理叢刊

前者以最新數碼（數位）技術清理、修復珍本原本的版面，更正明顯的錯訛，部分善本更以原色彩色精印，務求更勝原本。并以每百多種珍本、一百二十冊為一輯，分輯出版，以饗讀者。

後者延請、稿約有關專家、學者，以善本、珍本等作底本，參以其他版本，古籍進行審定、校勘、注釋，務求打造一最善版本，方便現代人閱讀、理解、研究等之用。

限於編校小組的水平、版本選擇及考證、文字修正、提要內容等方面，恐有疏漏及舛誤之處，懇請方家不吝指正。

心一堂術數古籍 珍本 叢刊編校小組

二零零九年七月序
二零一四年九月第三次修訂

《命學苑苑刊—新命》附《名造評案》《名造類編》等

新命

第一集

復園 關

一

▲編者言

命的界說，包含「天擇」和「人競」兩端。換一句說，就是：人力奮鬪成敗的影象，受著天然律潛勢力的支配，所造成的狀況與結果。這種構造和毀壞不可思議的勢力。不但世界上只是人類在他操縱之下呢！我國古代研究「命」學的，大都帶有神秘的色彩，和迷信的臭味。所以弄得極富哲理的國學，到如今還不見發達昌明咧。本苑組織成立半年以來，大家用革命的手段，實事求是的精神，科哲學式的方法，來研究、整理，和改革發明。現在編成了這本書。不致誇口，說是已經有怎樣的創發和成績。但自許得是革新命學期的前敵衝鋒了。希望大家同志們，加入前線，做我們的生力軍！

命學苑苑刊

新命

第二集

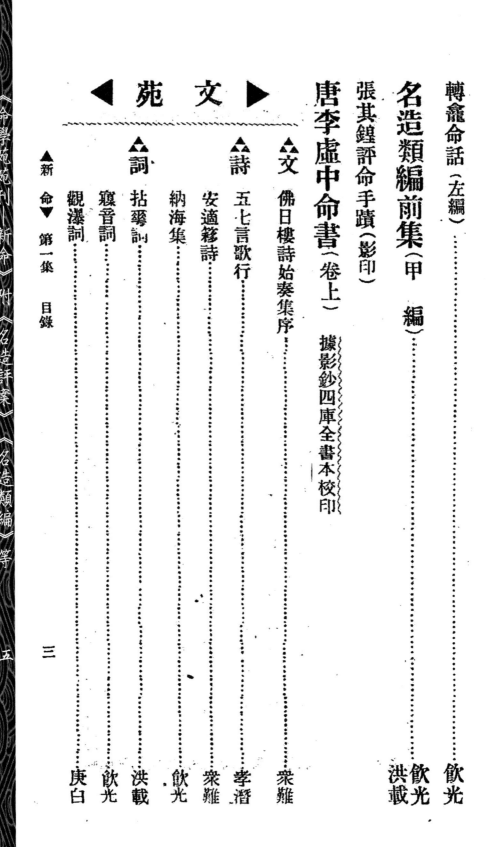

◉◉◉◉◉ 命學苑啟事

本苑本研究五行高深命理之宗旨、組織而成、係學會討論性質、故本苑苑員、皆至少有普通命學程度、數月以來、外界同志有認為星命學校、函請入苑授課者、未免誤會、殊為抱歉、現本苑不日編著五行命學研究法一書、由淺入深、門徑瞭然、凡同志有意研究者、請先讀此書、遇疑問不解之處、亦可通函討論也、

其命維新

康有為

歷易吰族

孝胥

心一堂術數古籍珍本叢刊 星命類

温故知新

程源銓

《命學苑苑刊—新命》附《名造評案》《名造類編》等

九

本苑名譽苑長程霖生先生

《命學苑苑刊──新命》附《名造評案》《名造類編》等

〔一〕

本苑創立人

林庚白君

本苑創立人

洪震修君

本　苑　創　立　人

李　歛　光　君

本苑創立人

李洪載君

▲▲發刊辭▼▼

夫「新命」之義何自昉乎書曰「周雖舊邦其命維新」經曰,「不知命無以爲君子」又曰「知命者不立於巖牆之下」凡所謂命蓋兼道與器而言者非僅僅「樂天知命」之命所得而盡也故命之界域自有其廣義必欲以狹義囿之淺矣形而上之哲學與形而下之科學皆當在命之界域列子有力命篇似明其旨實則多舛何者力之所至即命之所至宇宙間一切事物莫能外乎力之操縱亦莫能外乎命之操縱其致一也惜列子未之知耳今之持唯物論者以物質爲社會重心殊不知與言物質猶諸言命何者吾儕之所謂命力在其中物質之作用力之作用而已豈僅如中國古代學說所謂「樂天知命」止於唯心之義哉此必以廣義言命者也比又「新命」之所由作也曷觀乎洪爐之炭投於江河則滅楮人之刀施諸巨木則傷水盛而火自焚木強而金反缺力有不敢也往者孔孟傳統之學說以一定之旺弱生尅言五行言命皆昧於此義知其常而不知

其變。非吾儕之所謂命也吾儕之所謂命所謂五行與科學家所謂原子七十餘種佛家

所謂地水火風雖數量殊名稱異而實無別也抑中外哲學家昔重理論科學家皆重實

驗吾儕之言「新命」也本二者之義而融會貫通之而發揮光大之尤以後者爲主五

行之生尅旺弱一繫於質與力之均衡乃可與命相通此吾儕之說也。

命學苑創立宣言

合朋立苑以講研推步祿命之學前未有也推步祿命其學根於五行唐宋以來作者繼起各有創發法亦大備顧皆孤心獨詣閉戶自私人習故步自封之陋士無羣學公開之倡漸於末世流品日淆市井鬻巫操爲乞食之技展轉附會言不雅馴衆說猥雜精理眞意愈不可見學者士夫益鄙夷之寡復研攷道以非人而日晦於是孕玄蘊哲之學遂駿駭爲幾一墜而無闡發昌明之勢矣晚近學者競言革新而世界進化之序新恆勝舊乃新舊亦互爲循環以歲時言日月之代謝寒暑之推遷以人事言自誕生至於少壯自老病死以復於生皆舊而新者亦皆新舊互爲循環者惟五行之學實含毓而貫通之五行者能該萬端之變合與宇宙相終始者也積五行而成宇宙與合數類氣體而爲水質其理一也淺者或謂五行之說根本疑問與科學相衝突此殆誤執孔孟傳統之學說以概五行非深洞五行原理之論也五行之用顯於生尅氣化化學原子之化合固根於生尅

氣化之一理也。動植物學飼蓄種樹之方。礦冶工程學探金發電之術。皆與五行生尅氣

化之作用不可須臾離則五行者與科學固無抵悟衝突且深自維繫造次不離者也。凡

五行互生皆互尅互尅亦皆互生此又最洽於科學之義者初非一成無變也。五行之說。

濫觴於易傳薪於禮錯綜於諸子百家後之學者不蔽於附會穿鑿則失於膠柱刻舟蓋

能抉其元握其要通其變者寡矣。夫周易首乾而載藉所詔天圓地方又家絃而戶誦然

天非有機體者一太虛積氣耳原其初旨殆以學理遷就一時之制度以神其宗法社會

之信仰所謂君臣父子兄弟夫婦之義也夏連山商歸藏皆首坤坤為地球吾國古昔之

學說文化實與今之科學肸蠁相通此不足拘於一時傳統之說非難五行尤可徵也以

歷法言今之陽歷正月第一日即爲陰歷冬至後十日冬至後日又躔丑揆

諸股正建丑周正建子之義若合符節夏之時建寅則迴爲不同蓋禹貢九州幅員所覆

止於中部數省及東北近地今之滇粵閩浙皆昔稱蠻夷甌越之邦者南疆氣化治麻者

漫不復稽此亦古人墨守一時一隅之見以言五行之蔽誤也。抑宇宙之大品類之繁惟

二

一八

自然界之變化無可抗而勝也天有風雨晦明地有山川原隰人有飲食疾疢皆自然界

之變化也科學雖日精物質文明雖日富非有相當之量一定之期欲求於自然界之變

化有所制裁且所難能更進而消滅之又無論矣五行之學所以研索自然界之變化者

也則謂五行足以涵孕科學亦豈奢論往哲言五行止於唯心之理今者吾儕更廣爲唯

物之義體之於行驗證之以事類舉科學之精神闡五行之眞理方將發揮光大以成革

故鼎新之學非僅以覘人命吉凶禍福之末焉而已易曰麗澤兌君子以朋友講習又曰

勿疑朋盍簪夫知也無涯惟集思而廣益學如觀海豈孤棹以窮源敢愛麗澤之炎用

盍簪之雅良朋有志願請益焉

▲▲甚麼叫做「命」？

庚　白

甚麼叫做命？這一個問題，大概在幾千年以來，宗法社會制度下的中國，從沒有人討論過。記得前幾天有許多朋友問我，拿你這麼一個新思想家，何以曾「迷信」這個？又記得一天晚上，有個朋友說，星命的學問，這幾千年以來能殼還存在，自然有他的學理。這兩說是錯的。根本上「命」這一件東西，就不是「迷信」兩個字能殼抹殺的。他的本身很有真正的價值。可是這幾千年以來，所以然能殼存在！到並不是因為他本身的價值，已經為大家所認識。實在有別的原因。我在下面慢慢地來講。現在先就研究「命」，不是「迷信」這一點說！我們不得不提出「甚麼叫做「命」？這一個問題來了。在命學苑的宣言書同「新命」的發刊詞裏面，我也曾約略的說過「命」的真正意義。一定要用廣義來解釋才對。因此我才覺得命學有討論之必要。從前的人們解釋這個「命」，多半限於狹義。就是許多書上關於「命」的解釋，也往往矛盾。於是「命」的界說，既然不能殼確定：漸漸地變成十分的跼蹐，被人們看做一種「迷信」。至多也不過說是玄學一類。這個原因，由於人們沒有澈底認識「命」的真正意義，跟他的價值。所以總

當是神妙不可思議的一件東西。依我個人觀察，斷不是這樣，有甚麼理由呢？

「命」的一個字，本來包涵有狠多意思，隨着用的場合而變化。可是要概括地說也未嘗不可以

下個定義，現在照普通的用語而論，先要分做幾個解釋——

第一，性命之命，這一個「命」字，就是「本分」的意思。易經上所說的「樂天知命」，通鑑上所

說的「安身立命」全是。

第二，壽命之命，這一個「命」字，就是生存的意思。論語上的「回也不幸短命死矣」，唐詩上

的「關張無命復何如」全是。

第三，使命之命。這一個「命」字，就是「命令」的意思。易經上「重巽以申命」，書經上「周雖

舊邦其命維新」全是。

第四，運命之命，這一個「命」字，裏面不只一種的意思。可以當做「機會」解釋，如「居易以

俟命」，「知命者不立於巖牆之下」之類。可以當做「權位」解釋。如「我生不辰命在天」「君相能

造命」之類也。可以當做「環境」解釋。如「紅顏薄命」「有文無命」之類全是。

歷來所相傳的星命之學，大概兼有第二同第四兩層的意義。拿普通的眼光來看，除了「權位」

以外，那些「生存」「機會」「環境」統統是一半由於人為，一半由於天然的。他們認為既然一半

由於天然，只好說是神妙不可思議了。所以「命」一件東西，大家都在「莫明其土地堂」。甚至

於唐朝制定命書的呂才也有一句話：是「長平降卒，曷嘗共犯三刑。南陽貴人，未必盡逢六

合。」因為了這個「修德以禳之」的道德論，就跟著產生而變本加厲之極，那些「太上感應篇，

陰騭文，那些同善社乩壇。我們也就「至今受其賜了」。所以現在的人們，一談到「命」，反對

的當然罵他「迷信」，「封建思想」。就是贊成的，也還在懷疑：到底命是一件甚麼東西？甚麼

叫做命？

寫到這裏，我就要開章明義，拿出我的廣義解釋，來下「命」的定義了。大家要問命是一件甚

麼東西？甚麼叫做命？我只有一句話回答：命就是現象，是跟著一種力量而

變化的。力量的作用，又是跟著一種物質而發生的。所以「命」並不是一種不可思議的東西，

而很有「知」之可能。

我這一段理論，有甚麼根據呢？命這一件東西，是建築於五行基礎之上的。五行是一種物質

・儒家所謂「金木水火土」，同科學家所謂「輕氣養氣燐質炭質石灰質」等等，名目雖然是兩樣

，數量雖然是兩樣，實質是一樣的。所以拿五行來代表世界上的物質，就跟拿七十多種元子來代表世界上物質，其結果準會相同。大家如果拘泥於宗法社會制度下的傳統學說，要死板的說：五行生尅旺弱是一定不變的，那自然不對。我們所主張的五行，可就不然。並不是一定不變的，是在相當的力量之下，隨着時間跟空間而變化的。像這種物質律的原則，五行既然是一種物質怎麼能戮除外。我們現在拿實驗來說：水不是尅火嗎？照古人死板的說法，可是有時候火也能尅水。不但火可以尅水，有時候水也能生火。你只看！一茶杯的水，倒在爐竈裏面，馬上滅了。這就是火也能尅水的憑據。而所以然能尅。兩下力量太差多了。發電鍋的水，要沒有電，燈怎麼會亮！這就是水也能生火的憑據。而所以然能生，兩下的力量恰娜相稱啊。再說一個比方，金不是尅木，木不是尅土嗎。可是有時候金也可以生木，土也可以生木。並不相尅。你只看！我們要造成一根柱子，或是門檻，或是其他的器具。沒有刀子斧頭，是不成功的。一切的植物，要使他長大，沒有土來栽培他們，也是不成功的。不都是金生木土生木的憑據嗎？而所以照這樣，也明白是力量上作用的關係。那末我所主張的五行。誰能戮來否認！在這個地方，就可以證明命學有討論之必要。所以我們要知道五行底道理，

才知道「命」的眞正意義和價値。要不然，光照舊古人死板的說法，無怪乎得了「迷信」的頭銜

了—

至於「命」這一件東西，何以幾千年以來還能殼存在？這一層原因，也很容易明瞭的。簡單說

：只有兩個的原因。一個是因爲中國是宗法社會制度的國家。而宗法社會制度的國家，是以

君權爲基礎的。君權還在父權夫權之上。古人說的：「全忠不能全孝」就是這個理由。這雖然

與本題無關，可是就這一點上君主要擁護他的權，提高他的權，除了一切的道德法律政治的

方法以外，還怕他不殼。於是就利用「命」來欺騙一般的民衆。所謂「天命有歸」，所謂「眞命

天子」，好讓這些老百姓死心踏地的服從他。中國的君主一天沒有消滅，當然「命」也一天能

殼存在。一個是因爲人類的慾望，全是不能殼滿足的，特別是中國人的升官發財底思想，一

個比一個發達。希望快升官，希望快發財，而沒有絕對的把握。固然要來相信「命」。就是普

通的人們，有一種目的，或是受了一種環境的壓迫，不能殼抵抗。換一句話說，或是因爲等

待「機會」，或是因爲應付「環境」，都要來相信「命」。這由於一般人的自信力，過於薄弱。才

有這一個現象。這些年的中國君主是沒有了。相信「命」的倒更多，全是屬於後一個原因，由

前一個原因說，是政治上人物一種手段的作用。由後一個原因說，是社會上人類一種精神上

的安慰。幾千年以來「命」的能夠存在，不外乎此。倒並不是因爲他的本身價值已經爲大家所

認識。我這個斷案，大概不會錯了！

一定有人來問我：既是這麼說，那命運的好壞，以甚麼爲標準呢？我說：這狠簡單的。一時

的主觀以爲好的，就是好運。一輩子的主觀以爲好的就是好命。比方「甲」要做政治家，能夠

得到政權，自然是好命。「乙」只想做文學家，能夠在文學界上享了大名，也就是好命。不然

只好算壞命。再比方：今年我想住在上海，能夠如願，自然亦是好運。明年想到歐洲去，能

夠如願，也就是好運。不然就是壞運。所以命運的好壞，只問主觀的滿足或是不滿足，不要

問客觀。並不一定以升官發財爲好壞。像這樣的想，怎麼會沾染了封建思想呢？

一定又有人來問我：爲甚麼五行同人類的「命」，會發生關係？我說：這也很明顯的比方。一

個小孩在寒帶生的，跟在熱帶生的，長生出來的體格，一定不同。因爲甚麼呢？所受的氣候

兩樣。氣候就是五行的作用。再比方一個肺病的人，用空氣療養，一定會好些。一個好好的

人，頂冷天氣，擱在大雪當中，一定會凍死。因爲甚麼呢？所感的物質兩樣。物質也就是五

真的作用！

就是有一層，物質的範圍太大，變化也太多，雖然近世紀以來，科學十分發達，還有好些不能彀認識的。像金星裏面到底有人類沒有？至今找不出一個肯定的答案，那末「命」的道埋，就是有難於解答之點，也不過由於人類的智力不彀。同前一個問題一樣。怎麼可以「因噎廢食」，硬把他抹殺呢？請大家平心靜氣地想一想！

出版

廣人鑑

預告

林衆難 著

觀瀑前著人鑑一書早已風行海內紙貴洛陽現又

積近年以來心得續成此書比前更有精采由本苑

審定印行凡讀過人鑑者不能不手此一篇也。

出版預告

奪精集

◀李欽李光洪載著▶

李君兄弟既合著名造類編。復將編內名人造命依類逐次一一推評撰為評案。共約千餘章都十餘萬言定名奪精集。蓋反遷史賈誼夫卜而有不審不見奪精語意示謙抑也。集中抒述學理精邃詳明見解旣高闡發尤夥而文字斐然典雅迥非世俗庸陋之流所堪同語一俟全書脫稿卽由本苑審定印行凡讀名造類編者不能不兼讀此集以為學理參究之材料也。

命學原理

◉ 命的略歷

▲一 干支的來由

▲二 干支的變動．

▲三 干支的現象

一 干支的來由

要追本窮源說起來，五行本是陰陽二氣的變體．當恆星與行星，未凝結的時候，本是狠混沌的．後來經着陰陽氣的激蕩，熱氣凝結，冷氣收縮，熱的凝結爲恆星，行星，其他遊星，冷的浮爲清氣，而成天地旣闢的初步—陰陽旣激蕩而成天地，則陰陽本體，亦分析而爲五行．所以天空行星，都是五行集合而成的．五行是什麼？當然是，水火土金木．這是按照天文學理，研究的次序．因爲有了水火，相激蕩而成土，土然後生金木的原故—

一 蟠

一

由此推測起來，天空行星，既是五行結合的。則五行亦非我們地球上所獨有，凡天空行
星皆有的。如此，則知其他的行星，亦必有大同小異的變化，也有人類和組織建設了！所以
天文家也承認，火星和金星裏有人類，因為距離太遠，未研究出來真憑實據罷了！地球以外
的事，狠不容易推測的，卽能推測出來，人們亦未必相信，所以沒有推測的必要！

陰陽旣激盪而生五行，結成行星，分出天地。則因五行本體，含着陰陽兩種性質，至是
則分拆，而為陽五行，陰五行。譬如金木水火土，金有陽金陰金，木有陽木陰木的。因這個
原理，我國的先覺，就替他定了名稱，叫做「甲乙丙丁戊己庚辛壬癸」十干。關於陽木的名甲
陰木名乙。這十種名辭，不過是陰陽五行的代表罷了！由此，五行旣分拆而為十干，地球上
的變態，也是受着十干鼓動的。所以十干在地面的天空為天文，在地殼上為地文，在人類中
為人文。現在將他報告出來！

十干 ...... 天 ...... 地 ...... 人

甲，風　　森林　　樂

乙	烟突	田園	賢
丙	日	火山脈	惡
丁	電	石炭礦	劣
戊	雲	山嶽島嶼	庸
己	瘴	沙漠	愚
庚	月	金屬礦脈	平
辛	星	珍品產地	善
壬	雨雪	海洋	才
癸	露霜	江湖	智

以上的規定，也有前人說過的，也有用現在的，新思想規定的！雖然具着充分與理由，

不過解說出來，要費一番唇舌，所以從簡。明白這裏底蘊的人，當然要默許的了！

自有十干之後，動物初生長出來，天地人三才，繞算有個判別。那時人類和獸類兩相混

雜，因生存的關係，以至相殘殺以食。成了人獸相爭的時代！結果，人類占了勝利。這勝利

的原因，無非是五行相人獨深，相獸獨淺罷了！所以人能合羣，獸不能合羣！

人獸的戰爭，無非是十干在那裏變動，所攘出來的。所以在戰爭以後，他便互相凝聚，

沈落於地表，分布於各方。因此我們的先覺，就替他定了名稱，叫做「子丑寅卯辰巳午未申

酉戌亥」十二支。這種名稱，亦不過是，十干凝聚的代表罷了！為什麼十數，凝聚成十二數

呢？因為支數，亦是有陰陽的。陰陽既凝于而成支，多出來的兩數，即是庫藏陰陽的本位。

所以認定這兩數，一是辰，一是戌。辰戌是水火庫，水火即是陰陽，水火相激盪而生土，前

人稱他為天門地戶。一定是用這種原理，做根據的！為何一陰陽在十干上，沒有庫藏的本位

，在十二支上，反多出陰陽的庫藏？簡單答復一句，就是清輕上浮的，無庫藏，重濁下凝的

，有庫藏。所以陽性的，木火土凝結，成了寅支，其他的，也凝結了其他的支宮。但是其他

支宮，是陰對陰，陽對陽凝結的，辰戌兩宮却是陰陽俱全，這就是，十干生出十二支的原理

。因為十干，凝結了十二支，十干的本體，幷不消除，纔攘出人同天爭的事故……

在十干凝結十二支的時候，已到了人同天爭的時代。到了人同天爭的時代·這時代，又

叫神權時代，用我國歷史，推測起來。是在周紀以前的，所以唐堯，有九年的水患，商湯有

七年的旱災。幸而舜出來治水，湯出來禱雨，水利方能調和。這種人與天爭的禍端，當然是，干支變化和衝突，攪出來的了！

二 干支的變動

在人同獸爭，是未開化的時期，人同天爭，是已開化的時期。這開化的原因，固然是，天氣的不調和，人類時常被他蹂躪，又沒力量去反抗，祇能力求避免，因這，纔能增進他的智識，而至開化的第一步！但是干支不在那變動，做一切的，主動力，也是不能促進他的天演，助理他的進化。所以我狠信任，世界的進化，都是陰陽，五行，干支，操縱的：操的主力，就是變動…這變動頭緒狠多，不是短時間可以解釋的。現在將最顯明，大家都知道的，解釋出來，就可以知道，干支促成進化的原理了！

天干五化與天文的關係！

甲己化土為…雲

甲是風，己是瘴，風吹瘴氣成雲…

乙庚化金為…月

乙是烟，庚是月，烟月相映，愈見美麗，而不失月的光釆。

丙辛化水爲……露

丙是日，辛是星，日星卽是晝夜，晝夜的氣候混合，卽生露，所以露生在子時，子時是日夜代謝的時候……

丁壬化木爲……雷

丁是陰火，壬是陽水，水火的衝突，卽是陰陽的摩擦，陰陽摩擦，發聲卽是……雷

戊癸化火爲……霞

戊是雲，癸是雪，雪原體是雨，所以雨晴後，霎成……霞

以上的五化，甲己同乙庚，是無變體的。丙辛，丁壬，戊癸，是有變體的。所以甲己化雲，乙庚化月，依然還是天干的定位……

地支六冲與地文的關係……

寅申爲地軸衝……

寅申是陰陽的兩端，爲地球的地軸。地軸假設於南北極的兩端，則其傾斜，至二十三度半

，成六十六度半的交角。設以手掌，當地球像的後面，則其傾斜，却在寅申宮裏。如此，

可知地軸的傾斜，是寅申衝動的了！

卯酉為東西衝…

東西兩大陸的，不相聯，是卯酉衝的緣故…

子午為南北衝…

六衝裏最激烈的，要算是子午了！天空的陰陽變化，人間的南北戰爭，都是子午衝的緣故

·最顯明的是，地球北部陸多，南部水多，這水陸不平均的緣故，當然是子午衝動的所致

了！

巳亥為水旱衝…

巳是火土建祿處，亥是水建祿處。土木是田疇，當水火旺極相衝的時候，

自然有水旱的災患了！

辰戌為庫藏衝…

辰戌是水火的庫藏，水火衝突，庫藏當然爆的，所以地面上，常有火山的爆發，及蛟水地

辰酉化金爲鑛物

乙木放在火庫裏，卽是木柴放在窰裏，當然要燒成木炭了！

卯戌化火爲木炭

及長生處，相化爲植物，是當然的了！

植物的生長，是土培的，火曝的，水滋的…寅亥宮裏，藏着土火水，所以是木的建祿處，

寅亥化木爲植物

支宮六合與物理的關係……

解說的簡單可知支宮同地文，是有密切的關係了！

以上的解釋，寅申，卯酉，子午，是構造地面的，巳亥，辰戌，丑未，是變化地面的，雖然

突的緣故，所以金器可以採煤，煤也可冶金的，因此纔能爲人取用……

丑是金屬的庫藏，未是煤類的庫檢，（煤原質是木）煤鐵是世界，唯一的必需品，因丑未衝

丑未爲礦脈衝……

陷的災患……

五金的原質，不外是木土的精華，埋在土裏，因生水的原故，所以他不堅固，必須經過一番的融冶，纔能成他的本體。這也是，辰酉相化，無火氣的緣故⋯

申巳化水為鹽鹵

水長生在申，火建祿在巳，所以太陽曬海，就可以成鹽。鹽的形容，犯金土的嫌疑，這也是申巳宮，金土旺的緣故。若是用已為火為竈，申為釜為水，癸水亦可以成鹽！

午未合火為石炭

森林崩陷到土裏，經過千百年後，就腐化為石炭了！森林是甲木，甲木死在午，庫在未，所以他遇着午未的混合，就崩陷埋沒了：而且午未裏土是狠重的，火是狠旺的，所以石炭形是土，質就是合成的烈火⋯

子丑合土為陶器

陶器是水土混合的，不過要經過一度的然燒，纔可以成就，這也是子丑未帶着火氣的緣故，所以要經過人工的燒燬⋯

以上的化合，是人類的必需品，所以辨說出來，可知世界上的萬物，是有來由的了！

三刑與三要的關係…

寅刑巳巳刑申，乃得火食…

寅中的甲木，生巳中的丙火，生申中的戊土，遞生為食神。所以寅為柴為火，巳為爐，申為爐為釜，食具乃備。寅刑巳則火燃，巳刑申則釜炙，煙火乃起。寅為柴，巳為油，申為湯，五味乃調…

丑刑戌未刑辰，乃有家居…

辰戌丑未本是土旺地，所以庫藏五行的，在人類未開化的時候，穴居洞處，起居飲食都在洞裏，及至四庫刑開，建築材料都能取用，乃知構造家居。所以土裏藏五行，也同家宝裏，居住人一樣的！

子刑卯卯刑子，乃有衣服…

桑棉苧蔴，本是乙木的一種，以水力生長的，雖然製成衣服，可以章身，但是有了污跡，必定要洗的，洗多了，水洗衣損，則成為相刑了！而且衣服是禦寒的，由子月到卯月，都在寒的時候，所以子月則添衣，卯月減衣的，子卯的氣候是這樣，所以成了相刑的趨勢…

辰午酉亥自刑，乃增耗用…

以勞苦的錢，在安樂上用去，雖然得着快愉，但須受過勞苦。如此，不如不貪快愉，也免

得勞苦為上了！人們不知如此，還說苦處賺錢，樂處用，這真是無異自刑了！

人類在未開化的時候，本是穴居洞處，食肉饗皮的，因為干支經過了，冲合刑害（變動的定

名）之後，人類纔能開化，温飽起居，纔能調劑得宜，所以三刑一變而為三要。然未開化的

時候，生活甚為簡單，身體雖有漁獵的勞苦，精神并無爭鬥的憂念，及至開化愈近，生活愈

繁，衣食住以外，又添出用耗的擔負。所以士農工商，關智鬥力，前仆後繼。勝的，精神耗

散，敗的，身家毀敗。所為何來？無非是，因為進化，增加他們擔負的緣故，所以他們要竭

力的，去和環境奮鬥。這種奮鬥就是用他的，體力和精神，去求他的，生存，快愉，和希望

·結果，合世界上的人去比較，得良好結果的，能有多少呢…所以我說三要的利人，等於禍

人，這也就是三要又一變而為三刑的緣故。三要三刑既沒有分別，也同苦樂沒有分別的一樣

六害與六親的關係…

子未相害為君臣…

這君臣是賓主的意思，不是帝國主義中的名辭，所以要預先聲明的。子是衆陽的首領，當

然可以為人主了—子中的癸水，既可以生未中的乙木，也可以制未中的丁火。子對於未，

有生殺的主權，也同賓依主為生活的一樣。雖然如此，但未中有土狼厚，如被壓迫過甚，

則反抗必起的……

寅巳相害為父子……

寅得東方的旺氣，為一歲的首領。寅至則萬物生長，所以非特是人的父，亦萬物的父了！

寅生巳中丙火為子，丙受蔭，則生戌土為寅的財以報。但是巳中的戊土，不夠寅木的苛求

，必定成了相害的趨勢……而且寅巳相刑為飲食，父子本是相依為生活的……

卯辰相害為兄弟……

卯辰同是乙木的旺地，辰內藏的水土，也同是乙木的印財，當然是兄弟了—然則木旺水竭

，如兄弟旺盛，父母死了—辰宮的財庫，當然被兄弟朋分。但是辰中的乙木，獨據辰中的

印財，以父母的財產為私有，卯中的乙木，自不甘心，爭端必起了！

丑午相害為夫婦……

丑是支的末位，陰的極點，當然是婦人了：丑中的癸水，以火土為財官，財官是夫子，午宮有丁己，所以能做丑的夫，然午宮丁火生己土，以水為妻，以金為子，丑宮是金庫，能為午生子，所以能做午的妻。並且丑午都是土旺地，能融洽的。但是午中的火，為丑中的水消蝕了，生身的原料竭絕。則丑為午累了！

酉戌相害為朋友……

酉戌同是金旺處，酉是西方的本位，故戌是酉的朋友。朋友雖然足以助我，也可以累我的，也同戌中的火土，能生金，也能尅金的一樣。如果交遊淺淡，置身在戌外，則可以生身，交遊濃厚，置身在戌內，則可以焚身了！且朋友往往因利衝突，這也是戌合卯財，酉奪卯財的緣故……

申亥相害為親戚……

壬水建祿在子，長生在申，則申亥俱為壬水的宗支無疑了！況且亥宮甲木妹乙，為申宮庚金的妻，亥宮壬水妹癸，又為申宮戊土的妻。—如此，不但同為宗支，亦世為婚姻的了！而且申為亥的妹丈，亥為申的舅兄，本無相害的道理。乃因申金生亥水。亥依妹家為生活，

申刑合巳，貪合印官，不願生亥，亥貪刧已財，衝破巳，申失去官印，與亥起衝突了！

在未開化的時候，本以個人爲單位的，沒有什麼組織。雖偶有兩性的交合，亦沒有夫婦的名

義。及干支經過了淘汰，開化愈近，倫理的名份乃漸定，而夫婦，父子，兄弟，親戚，朋友

，君臣，名份漸至完善。照這樣說來，在六倫以內的人，常較不相識的，親愛多了！這也是

天然性的遺傳，和組織範疇的緣故。所以六倫一變而爲六害的。何故，也有最親愛的族類，

互相衝突的呢？這可以在歷史上，同世情上證實的。可知親疏的判別，不在名份的規定了！

性情的融洽，雖陌路人，也會情同莫逆。性情的不融洽，雖父子骨肉至親，也是視若寇讎的

，這就是六倫又一變而爲六害的緣故。所以我說，六害同六倫沒有定例，也同親疏沒有定例

一樣的……

三 干支的現象

以上解說的變動，還是干支本體的變動，不甚複雜。如干支交互的變動，就複雜了！因

爲干支本體的變動，是促成未開化時，及已開化時的現象。交互的變動，是促成進化的現象

。所以未開的時候，是人同獸爭的時期，在無歷史以前。已開化，是人同天爭的時期，以我

國歷史看來，當在周紀以前了！進化時，是人同入爭時代，當在周紀已後了！

未開化及已開化的緣因，已經說過，要推測進化的緣因，不外干支交互演成的，干支的

交互，就是十干同十二支，合并作不同的推演，陰陽不雜，得六十數，我們的先覺，所定的

名辭，就叫「六十甲子」，據我們的意思，六十甲于，還不能發揮他的命義，不如用「交互干

支」的名義爲妥確呢！

我們的先覺，他又將十干，定名爲天干，十二支，定名爲地支，天地氣的接觸，而生世

界最精靈的人類，正是干支交互，成六十甲子的定例，我們川三才，作簡單的排列如下……

天	……	甲	乙	丙	丁
人	……	甲	乙	丙	丁
		子	丑	寅	卯
地	……	子	丑	寅	卯

戊	戊辰	辰
己	己巳	巳
庚	庚午	午
辛	辛未	未
壬	壬申	申
癸	癸酉	酉
甲	甲戌	戌
乙	乙亥	亥

以上的排列，雖然是形勢的規，但狠顯明的，看出干支交互的理由，以及萬物，因受着天地氣的感覺，儼然有生氣的，在世界上，總不能出甲子操縱的，範圍以外。所以人類歲週甲子，壽卽將盡。而時間自一秒鐘，至億萬年，不知要構造，和毀壞，許多物事呢—這狠重要的理由，容我們以後慢慢的…報告出來，現在暫且擱置……

剛纔所說的，釀出人同人爭的事故，是交互干支的緣故。這種爭端，較以前的更爲複雜

，時間亦最長久，不是能用現在的歷史，推測出來的。如要以近事推測，我卽能斷定，一千

九百一十四年的…世界大戰，卽是交互干支，轉入互換甲子的時期。那時候正是我國，共和

建設初頭，國家也在混亂的時候。這雖是天演的定數，以我的推測起來，敢說一句，就是互

換甲子的緣故。甲子是六十個，交互干支的統稱。甲子互換，就是將六十個交互干支，作時

間的規定。比如今年二月初四日，夜十二時一刻一分一秒鐘，以干支推演出來，卽有以下的

現象…

甲子

甲子

丙子

庚子

癸卯

丁卯

這種現象，此時看了，似不甚了解，以後當有明白的解說，這不過是互換甲子的，比例罷了！何以呢？按交互干支，丁卯以後當然是戊人，此時丁卯以後是癸卯，這種無統緒的規定，是時間推演出來的，就是互換甲子的現象……

我們既膽敢說了，世界大戰，和我們國家的改造，是互換甲子的現象。則現今的世界，都在互換甲子的期內，則互換甲子的複雜，和時間的長久，是不可計憶的了！如此，五行造就世界的歷史，到此纔告一段落。而得以下的比例……

```
          命
       陽    陰
    木 金 土 火 水
    庚 己 戊 丁 丙 乙 甲
    午 巳 辰 卯 寅 丑 子
  庚午 己巳 戊辰 丁卯 丙寅 乙丑 甲子
        己巳 戊辰 丁卯 丙寅 乙丑 甲子
          庚午 己巳 戊辰 丁卯 丙寅 乙丑
                甲子 庚子 丙子 甲子
                      丁卯 癸卯
```

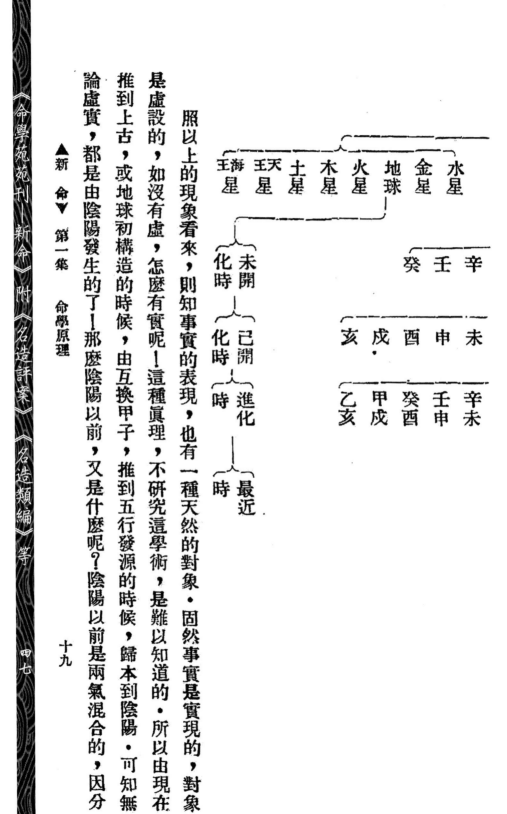

照以上的現象看來，則知事實的表現，也有一種天然的對象。固然事實是實現的，對象是虛設的，如沒有虛，怎麼有實呢！這種真理，不研究這學術，是難以知道的。所以由現在推到上古，或地球初構造的時候，由互換甲子，推到五行發源的時候，歸本到陰陽。可知無論虛實，都是由陰陽發生的了！那麼陰陽以前，又是什麼呢？陰陽以前是兩氣混合的，因分

拆纏成陰陽，分折的緣故，祇可說是天演了！天演的意義，就是⋯命⋯⋯⋯

二十

（未完）

命學新案

庚　白

▲新太歲

凡本生流年之第二年。爲新太歲。如柱中値之。必有革故鼎新之象。然所遇新太歲。無論其明見。抑或暗藏。仍須與日主參看。日主所喜則吉。日主所忌則凶。不得以一見新太歲。便作吉斷也。例如黃郛八字。庚辰、巳卯、丙申、戊戌。四柱虛邀巳祿新太歲。黃造喜金水。巳爲日主之祿。又爲金之長生。故甲子流年。主北京國民軍政府。一鳴驚人。胡漢民八字。巳卯、丙子、丙寅、丙申。四柱虛邀辰庫新太歲。胡造喜水土。辰尤丙火所最喜。日出於辰也。故以革命黨人起握政權。乙丑春間。一度代帥。今年夏間一度主席。皆新政府也。此以吉論者。若張其鍠八字。丁丑、壬子、庚午、丙戌。四柱虛邀寅木新太歲。張造少水而火多。忌再見木火。故自丙寅入吳佩孚幕中。倖進不巳。卒以致禍。此則以凶論矣。又孫中山八字。丙寅、巳亥、辛卯、庚寅。卯爲新太歲。汪精衞八字。癸未、丙辰、戊申、丁巳。申爲新太歲。皆其明徵。新太歲入命。無論明暗。亦須與日主參

看○非皆吉也○

▲天覆地載說

神峯通考○標舉蓋頭之義○頗自矜創獲○抑知其所言○尚多未臻精到者○余因以天覆地載之

說○爲同好進○其例有二○一則八字之天覆地載也○一則大運之天覆地載也○二者皆能爲禍

福○前一例○如張孤八字○乙亥、乙酉、乙亥、乙酉○天覆而地不載○終必破敗○後一例○

如李純八字○乙亥、乙酉、己卯、庚午○行庚辰運死○辰土生扶庚金合殺○故凶○若約言之

凡八字地支多洩天干之氣者○或多爲干之敗氣者○皆屬第一例○凡大運地支尅天干而吉○或

生天干而吉○尅天干而凶者○或生天干而凶者○皆屬第二例○徵之於大運尤驗○如丙申、丁酉

、大運○若八字喜火忌金○則申酉運雖否亦減○又如庚寅、辛卯、大運○若八字喜金忌火○

則寅卯運雖泰亦羔○此自天干而言也○若以地支言○如庚午辛未大運○若八字喜水忌火○則

庚辛運無力○金受火尅也○又如壬申癸酉大運○若八字喜水忌土○則壬癸運必佳○水受金生

也○然亦須以五行所值之生旺參看○旺金不畏火鍊○衰木必待水滋也○神而明之○存乎其人

○茲所揭解○舉隅而已○

▲納音舉要

晚近議命者○類於納音○不甚研求○或則專以納音爲主○又失之偏○據余經驗○納音與四柱

之正五行○實互爲體用○正五行爲體○納音爲用○譬如四柱喜水○而納音補之○四柱忌火○

而納音補之○則一吉一凶○迴乎不同○又如行運○雖值所喜忌之神○亦要參看納音○如喜金

而行庚辰辛巳運○則一吉一凶○爲眞金○忌土而值戊申已酉運○爲眞土○凡此者○力量尤大○禍福尤重○

如壬寅癸卯○本屬水木○而納音爲金○則兼以金論○木之力弱矣○甲戌乙亥○本屬木土水○

而納音屬火○則兼以火論○水之力減矣○此等處百試百驗○

▲歲君所主

本生之歲君○能作一年氣候之主○如壬申癸酉生者○雖不在金水月令○只要有氣○同一旺

○如庚辰辛巳生者○雖在金水月令○多見剝削○便成身弱○蓋壬申癸酉雖與庚辰辛巳○同屬

納音之金○一則戌亥火空亡○一則申酉金空亡○一年之氣候○有過有不及○此不可不知察也

○

▲五行衰旺之眞義

五行本無絕對之衰旺。所謂春木火。夏火土。秋金水。冬水木。此皆以一時言衰囚者。可以語常。不可以語變。如丙為太陽火。為春金。夏水。秋木。冬火此皆以一時言旺相者。又如火山脈。豈有衰理。壬為空氣。為蒸溜氣。戊為雲。為地上之土。亦豈有衰理。何時無日。為何地無土。其理固甚明。則所謂衰旺。只能以干支之多助寡助為斷。而不必以時令為拘。此豈張楠輩所能夢見哉。如甲為死木。無須多水。最要者為金。何也。凡成器之木。進室之材。何取於水。些少之膠漆足矣。然不得金。則大而樑棟。小而牀几。皆不能就矣。乙為活木。非土不可。非水亦不可。何也。凡花木無土不生。無水不長。無日不榮。此三尺孩提所能知者。然若置於風雪之中。非松柏何以任。故乙木多喜癸水。而忌壬水。此又豈淺嘗者。所得道其隻字乎。不第是也。土可以生水。水可以養火。故壬水庫於辰。丁火庫於丑。地中有泉。深谷為陵。膏油之於燈燭。蒸溜之於電。古今事物。證據昭然。俗士瞶瞶耳

▲四柱偏枯之應驗

四柱所值。過猶不及。皆謂之偏枯。凡柱中五行偏枯者。其一生必有缺憾。尤以缺火之人無子為最驗。蓋吾國在宗法社會制度之下。無子為絕嗣。是其人之家庭幸福。減色不少也。又

缺水之人多好色。而水太多者亦然。又火炎土燥。金清水冷。木盛金剛。皆主勞苦。

▲殺刃爲威權說

術士談命。每以官殺主仕宦。此蓋沿子平之陳說也。又或以陽刃七殺。必掌兵刑。亦同一食古不化。實則殺刃僅爲威權。凡四柱殺刃重者。其人必有威權。至於威權之大小。則又當參看八字。殺刃所主。初不必限於仕宦兵刑也。例如乙未、癸未、甲子、己巳。其人爲紗廠總經理。所統轄職工。無慮千百。又如戊寅、丁巳、丙申、丁酉。其人爲總商會會長。一生執商界牛耳。而未嘗入官。諸如此類。指不勝屈。

▲正偏財皆爲外遇說

命書每以偏財爲妾。此亦失之拘泥。蓋在宗法社會之中國。以夫婦爲重。一夫一婦。又幾若天經地義。雖律許納妾。實等諸奴隸。故余以爲四柱僅一財者。當然爲妻。此外則皆爲非正式之配偶。初不必限於妾。故偏財叠見之人。每多淫佚。其明徵也。

▲刑衝破害說

今人言五行。必及刑衝破害。然刑衝破害之說。有驗有不驗。且刑衝破害。未必皆凶。或因

以反吉。此則余於人鑑卷下。巳略論之矣。至於刑衝破害何以成。似為驗不驗之根本原因。

其理由完滿則驗。否必不驗矣。譬如子午相衝。乃子中癸水。與午中丁火相尅。午中巳土。

復與子中癸水相尅。以二制一。猶之聚衆行凶也。故子午之衝。為力甚大。丑未相衝。乃丑

中辛金。尅未中乙木。丑中癸水。尅未中丁火。又尅丑中辛金。循環相攻不巳。

然有丑未之土以調劑之。故丑未之衝。謂之衝庫。不盡凶也。寅申相衝。乃寅中甲木。為申

中庚金所尅。寅中丙火。為申中壬水所尅。其形勢與丑未同。然甲庚壬丙。乃適以相成。故

寅申衝。謂之衝馬。亦不盡凶也。卯酉相衝。最為可驚。蓋卯中獨木。酉中獨金。以旺金尅

柔木。此正秋行肅殺之威也。故子午卯酉。同一衝刃。而卯酉其尤。理有固然。勢有必至也

。至於卯子之刑。寅巳申之刑。丑戌未之刑。酉戌之害。申寅之害。卯午之破。午酉之破。

其互尅之義亦同。獨所謂辰午酉亥自刑。則無甚理由。似未可據為典要。

▲干支與事物

近世紀以來。物質文明。輸入中國一切文物典章。皆為之變化。前此事物。失之固陋。今則

浩如觀海矣。僅執前人命書所標舉者。以概物事。必難脗合。以政治言。如議員之地位。委

員之職務。黨部之制度。皆非昔所有者。以社會言。種種之機器。種種之企業。又皆非昔者所有。不可無干支以代表之。此則須參合易理。及子平六壬五星諸書而釐定。方可適用。如庚戌爲發電機。甲申爲汽車。辰戌丑未爲黨部。議會。工廠。礦公司。墾植公司之類是也。余於暇日。擬續爲一帙。分別訂定。以公同好。

▲五行與地域

昔人言五行。囿於中國一隅。而不知世界。往往膠柱鼓瑟。譬如丙火爲日。日沒於酉。此乃在中國之日沒。他方之日出。然則酉果爲丙火之死地乎。又如丁必以甲乙生。蓋以丁爲燈爲星。而不知其爲電。庚辛金生丁尤妙。不必甲乙也。又如熱帶之地。四時多熱。則火氣太過。生於熱帶者。不必夏令而火旺。寒帶之地。四時多寒。則水氣太過。生於寒帶者。不必冬令而水旺。溫帶之地。四時溫和。生於溫帶者。不必春月季月而木土旺。若僅限方寸之地。何異坐井觀天乎。

▲父母年命與命造之關係

命之爲說。自有至理。而大要以得五行之氣爲主。蓋人之生辰所值五行之氣。深淺厚薄。各

有不同也。信如是。則人之生也。由父精母血。凝結而成胎。其在母胎。受氣尤深。故父母

年命必須參看。其八字喜水。而父母為亥子生人者。八字忌木。而父母為甲乙生人者。吉凶

之間。增損分。必有以異矣。此亦余於經驗之餘。而明之以學理者也。凡篤信命理之士。幸

勿忽諸。

八

出版預告

轉龕命話

◀李欽光著▶

李君於五行命學精究甚深平日所有經驗心得皆為札記積時既久裒然成

帙因復加刪乙依詩話詞談體例編為命話分左右兩編左編曰推步臆說舉

凡學理心得以及事驗珍聞悉入之右編曰星命舊聞舉凡吾國古今載籍子

史雜家所記五行星命理論名言美談軼事悉為博蒐備載入焉洋洋大觀空

前之作凡研究命學欲洞悉掌故多廣經驗者應先覩為快也現由本苑審定

校印單行本發售不日出版

名造評案

觀瀑

●葉德輝命造評

甲子　　　　初五・丁卯

丙寅　　　　十五・戊辰

丙辰 食◎　　二十五・己巳

庚寅　　　　三十五・庚午

（胎元）丁巳　四十五・辛未

（立命）庚子　五十五・壬申

葉煥彬德輝，為湘中名士顧有文無行。頗為鄉里所不齒。而縉紳先生喜其博洽。且精於子平術數之學，

自辛亥改革以來時觀政變所謂遺老者流感欲託其言以希帝政之復故洪憲稱制楊度亦引煥彬爲

助生平著作甚富雙梅影闇叢書一集尤膾炙人口侈談容成素女術間可與今之研求性學者相印證

乙丑秋間邵次公招飲與煥彬同席出其命造就余推究余謂梟神奪食無制申運見金有制矣乃會殺

爲凶恐非死所反復辯難似亦歎服然猶不自斂抑致死何足惜茲就其八字闡明於左

雨水後木旺干透梟神支會木方成材之木非金不可乃庚財坐於絕地四柱及命胎納音又皆缺金則

喜辰土食神以蓄之金養於辰也丙辰眞土可川莊昕故生平以文學知名食神之用益顯庚辛運皆佳

壬運尅丙而庚始舒亦當以吉論癸亥交申運先值申中戊土無妨今春在申中壬水之末申子辰會殺

助梟爲虐且財食一變而爲官鬼於是辰土庚金兩歸烏有丁火陽刃又透干其凶死無疑昔郭璞善相

人不免於王敦之手若煥彬者仰何以異茲

●吳佩孚命造評

甲戌

戊辰　殺

己巳

己巳

初五·己巳　　五·己巳　　十五·庚午

觀瀑

吳子玉佩孚以秀才起家清末從軍洊擢至連營長洎及民國佐曹錕部屢與國民黨軍隊相搏丁巳入

湘遂遷師長自是與岑春煊陸榮廷狼狽班師討段名震一時其堅礮驍勇亦有足多者惜不學無術而

沾沾自喜又囿於舊說於世界潮流瞢然無覩以致今日之末路茲就其八字闡明於左

丁卯之殺又制於人辰中則財殺同宮雖有戌辰眞木微癸潤之故常川辰中七殺而以癸財爲相甲戌之官巳非

我有丁卯之殺又制於人辰中則財殺同宮雖有戌辰衝之嫌癸水可以緩衝其用此殺尤顯若以外格論

季土當旺梟刃又兩透身旺無疑戊辰眞木微癸潤之故常川辰中七殺而以癸財爲相甲戌之官巳非

則卯辰邀寅巳酉戌引申亥甲以寅爲祿巳以申爲貴丁以亥爲貴戌馬在申辰馬在寅酉

馬在亥卯馬在巳所暗藏之寅申巳亥恰係干支八字之眞正祿馬貴人貴氣磅礴宜能以偏神竊國柄

矣申運乙木得貴癸會水局始入第三師強臺直上癸運雨露乙木所喜一鳴驚人矣酉爲太陽以太陽

己　酉

丁　卯

（胎元）　己　未

（立命）　癸　酉

二十五・辛　未

三十五・壬　申

四十五・癸　酉

五十五・甲　戌

而乘水土之敗氣月衝剋卯辰之殺尤力甲子流年酉金得生七月金旺故一敗塗地丙火制酉金故春

夏復起直至下半年寅字官殺相屬官旺殺衰旦酉金得貴故文不振大抵此造甲木透而不能用乃必

用辰中之乙殺巳表明一生終居人下之象丙寅甲子兩次應之殺之不可以勝官邪之不可以害正其

彰明較著如此子玉亦可以返矣今年丁卯兩卯衝兩酉餘一酉合辰財殺全化殆將已乎

甲戌遲似佳然為他人得意之象蓋甲戌戊辰明明兩旬辰殺為已土所用甲官為戊土所有徵之於

理既已顯著證之以事更可無疑不得以此為子玉壽

欽光

●張其鍠命造之研究

臨桂張子武丈命造巳載余兄弟所輯之名造類編後集巳編內昨聞丈隨吳子玉入川行抵新野

縣灰店地方遇匪被害狀至悽慘往推其命卽暗抱隱憂丈自精子平及六壬三式之學然不能知

幾遠害何也茲就其辰命五行生勝之理略紓臆見與同社諸君子共商略焉

名造類編後集

已編　疆吏類

張其鍠

丁丑　壬子　庚午　丙戌

丁丑
壬子　傷官
庚午

光緒三年十一月十九日戌時

初五．辛亥
十五．庚戌
二十五．己酉

字子武號无競廣西臨桂人光緒甲辰進士歷官湖南芷江等縣知縣有幹才民國七年入湘佐
譚延闓軍嘗率兵一團扼永州險要與吳佩孚死戰吳率不得入永州吳以是大賞其才羅爲已
用吳自衡州退遂隨北去參戎機癸亥特任廣西省長在桂泗月辭去吳旣敗避難公山復往依
焉信任益專遂爲專使居京師主聯奉攻馮之計煊赫一時吳再失勢見部曲多引去獨追隨不
離勸吳入蜀依楊森行次新野縣之灰店遇匪被害時丁卯五月也年五十一

特　　用　　病　　藏　　格　　納　　五　　　　　（立　（胎　丙
點　　神　　藥　　拱　　局　　音　　行　　　　　命　元）　戌

特點·胎元八字各占一旬。

用神·子建癸水傷官

病藥·以火爲病以水爲藥。

藏拱·四支暗邀寅字爲太陽新太歲。

格局·傷官駕殺、

納音·闕火。

五行·闕木。

（立命）未宮

（胎元）癸卯

大運扣足五歲多一百八十天交行

每逢癸戊年大暑節前交換

三十五·戊　申

四十五·丁　未

五十五·丙　午

● 本造秉氣之強弱

冬至後金氣甚微逢洩愈弱丁壬午戌皆助丙殺炎爍之威若非子丑一合化土成印其何以自存，

● 本造之用神

寒金得火鍛鍊功高況當子建眞洩午看必須用火苟細觀四柱衡較重輕實有火盛水衰之歎壬子
眞洩全見干支傷官本強固無疑義乃丁壬子丑無端貪合於是盡變潤下之氣而成木土之形至後
陽生木火來復丁壬化木更盆丙勢丙居戌上坐庫特強庚得午支會戌愈燥環顧四維幾無是處幸
喜子水究竟位立提綱縱合丑宰制終許存形援爲潤身之澤息火之方所謂一個玄機暗藏爲力雖
不免杯水輿薪之勢而沈疴仙藥亦不失爲天功也應取子建傷官制殺爲全局之用神，

● 本造之優點

一 · 金弱喜得年支丑庫貴人爲鏃基火盛喜得子建水氣爲調護。

二 · 四柱五行闕木喜丁壬化合四支邀拱寅木太陽暗補其不足。

三 · 八字胎元各占一旬正合蘭臺妙選五福集祥之格，

● 本造之弱點

一 · 金弱喜得年支丑庫貴人爲鏃基火盛喜得子建水氣爲調護。

二 · 四柱五行闕木喜丁壬化合四支邀拱寅木太陽暗補其不足。

三 · 八字胎元各占一旬正合蘭臺妙選五福集祥之格，

一、火爍金流制輕殺重子午衝戰雖丑來解圍而化土剋水反恩爲仇。

二、暗邀寅木太陽爲主本死絕之鄉爲病神生發之地（寅上丁死庚絕丙生） 短占太陽其燄益大爲患無形。

◎本造事理及運途之推驗

貴氣占年用神居月出身華閥早擢巍科固不待言尤以秉悟過人才華芬茁涉獵成學博覽爲豪旁通技藝百家之言與傷官爲用極合符節至若勞苦艱卓犯險猛進大談高晬有捫圍縱橫之槪負謗觚權智之才亦極稱其七殺傷官作用金火相成現象祇以殺重制輕用神根本受損故雖一展懷抱而終不能免於禍也初行金運生水自佳戌運會成天祿（庚壬戌會申）直接資生子水申運匯水成流病神大得良藥洋洋灑灑政權屢握固其宜也丁運火勢燎原金枯水竭癸亥甲子乙丑歲運相濟故尚有佳象丙寅一年巳成竭蹶所不殆者無刑衝激盪以促之耳今年丁卯二丁妒壬干頭化合解體子卯一刑提綱用神愈傷於是壬水子水受激盪與丙丁旺火相爭戰而卯又破午合戌病神狷獗入丙午月火得氣益熾水受激益戰消滴之水終不能勝陽歊火山而禍作矣所最奇者遇難之地名灰店追刮之匪爲紅鎗會灰店文舍火字紅鎗會象火色五行之妙真無微不兆造次不離者矣。

● 趙爾巽命造之研究

洪載

次老命造巳載余兄弟所輯之名造類編前集巳編內，頃得趙宅赴啓悼悉次老巳於八月八日告終

京邸老成彫謝殊深人亡邦瘁之感同憶囊歲余在京師與次老通家往來嘗承讌飲題詠之雅因得

諗知次老辰命曾爲一度推演比當乙丑之春適正交行巳運緣以其川神被化卽臆斷此運於壽有

阻而以丁卯戊辰流年最爲可慮乃今秋竟傳噩耗不幸而符余疇昔所占益以信命理應驗之不爽

也茲就其辰命五行生勝之理略陳管闚以供研究。

名造類編前集

己編上　總督類

趙爾巽

甲辰　辛未　巳丑　戊辰

字次珊晚號无補老人山東泰安人籍隸漢軍正藍旗同治丁卯舉人甲戌進士授編修累遷御史。

出簡貴州之石阡貴陽知府洊升貴東道光緒乙未擢授皖臬戊戌量移陝西尋除新疆藩司政聲

歷著居喪服闋壬寅起授晉藩護理巡撫並署提督旋除湘撫甲辰入覲晉尚書銜署戶部尚書乙

已出授盛京將軍兼任盛京戶禮兵刑工五部侍郎丁未選授川督兼署成都將軍旋移督湖廣宣

統間調任奉督授欽差大臣兼管三省將軍。辛亥鼎革遂解組下野袁世凱僭帶於耆舊特崇封號

因亦被推爲嵩山四友之一清史肇修。出任清史館總裁甲子冬奉直罷戰被舉爲參政院院長主

席善後會議丁卯八月庚子日卒年八十四子一。

道光二十四年五月二十三日辰時

官⊙

甲　辰

辛　未

戊　辰

巳　丑

（胎元）壬　戌

（立命）午　宮

初　十・壬　申

二　十・癸　酉

三　十・甲　戌

四　十・乙　亥

五　十・丙　子

六　十・丁　丑

大運扣足十歲多六十天交行。
每逢甲己年立秋節後交換

七·十·戊　寅

八·十·己　卯

五　行·闕水火（暗藏）

納　音·闕金

格　局·木疏季土。

藏　拱·地支夾藏寅卯巳午官印祿馬。

病　藥·土重為病以木為藥

用　神·歲干甲木獨官。

特　點·用神值全二德兩貴。

●本造秉氣之強弱

小暑後季土乘旺支位胎元會全辰戌丑未四庫崢嶸元氣磅礴造化獨厚秉賦強矣。

●本造之用神

博厚之土極喜疏洩干透甲官辛食二者川不可兼第有官祇宜論官自應舍辛取甲蓋木氣上騰金性

沈下騰上則氣疏以達下沈則土重反埋也且木之與土克又實爲相成緣土無木疏則

塞壅荒廢木無土培則不能生殖故凡土壤豐腴而草木茁茂地道敏樹理固自然是以木之需土實甚

於需水而土之需木亦固甚於需金也茲甲建未坐辰未爲木庫根氣既通辰畜水源正如藪澤誠爲滋

培得地饒有鎡基茁秀疏壅相成爲美所謂培成稼穡之禾更其一將當關之勝揆諸義理自當定歲官

甲木爲全局之用神

● 本造之優點

用神甲官值天月二德並占丑未兩貴而日時丑辰暗夾寅卯又屬川神之旺氣左右逢原斯爲盡美

● 本造之弱點

甲官被已遙合雖賴戊辛阻撓不化然究屬土勢勝強自不免受其牽制且辛甲聯干偪處固屬柔金剛

木亦有侵官損用之疵，

● 本造事理及運途之推驗

歲官顯用德貴萃鍾名位崇隆揭然昭著日主攬四隅更顯有地土之任故生平位業多在疆圻而宦

遊半屬邊隅尤所符合至食神既爲秀氣並號壽星辛食透干清純高顯蓋又爲早登科第晚享耆年之

徵也。大運一交甲字於是用神附翼翰苑蜚聲戊字印庫三刑乙運官殺相絆故皆屬升沈無定瑜不掩

瑕亥運財官逢源應臻盛美特以用神在干而不在支則支運雖佳效力自減故僅以府守平進道員非

其全也接行丙子丁丑均納水音頗爲得地丙字合辛化水反仇爲恩造化轉圜卅神無望子字戴財乘

貴丁字更直接制辛皆爲極美故此十五年中遂由監司洊曆專閫累任飛坼八翼九遷強臺直上亦固

其宜丑運雖用神占貴第土庫重重極盛難繼是以初遷奉督而旋觀辛亥國變遂卽倉皇去位且丑未

相衝正屬比肩觸刃應有鴒原之戚而介弟爾豐乃同時督川竟罹於難此亦驗巳戊運逢刔自多悔吝

寅運雖佳然落旬空祇虛膽聲望而已已運合去甲官今歲丁卯丁戊辛又會成戌墓於是木壞土崩卅

神羽化歸眞之兆固顯著也。

命學苑審定陸續印行各書預告

◉ 唐李虛中命書　　　　　　　　　　清四庫全書本

◉ 珞琭子注二種集刊　　　　　宋徐子平注　△釋注瑩注

Ⓔ 三命指迷賦注　　　　　宋岳珂注　　清四庫全書本

▲ 廣人鑑　　　　　　　　　林覯瀑著

▲ 五行學史　　　　　　　李猷光著

▲ 名造類編前後集　　　李猷光　李洪戢輯著

▲ 奪糈集　　　　　　　　李猷光　李洪戢著

▲ 命學原理　　　　　　張一蟠著

▲ 見驗篇　　　　　　　洪宷修著

▲ 轉鑫命話　　　　　　李猷光著

本國輿地支宮分野圖說

一 蜡

世界造化。時有不同。輿地劃界。因事而異。故干支分野。亦當隨時就疆域以定。大而若世界。次若國家。小而一屋之內。一器之中。莫不有干支分佈焉。我國爲五行學先進。命理發明之區。支宮分野。當先就國內以言。而廣之於世界。方今疆域邁三千萬里。省區凡二十有八。與昔九州以較。迥然不同。故就山川之形。物質之理。以爲五行生旺。干支分野之說。而備研究命學之參考焉

夫天高西北。地陷東南。（如五行守其本位不事變化。西北不高。東南不陷）則何以能進化○而成今日之世界。今日之中國）西之所以高。乃積土以生金也。（西方屬金）北方之所以高。乃積土以制水。（北方子丑比鄰相化爲土。屬水而之水）東之所以窪。乃水生木以克土。（東方屬木）南之所以窪。乃潴水以克火。（南方午未比鄰相化。故氣候燥熱濕重。亦水克火也。因屬火。而煤產不豐。菓實獨富） 土蓄氣於中央。分佈於四維。故中平坦。而四維多山○金以生水。冰以生木。故黃河長江之流。乃發源於西。浸灌於東。木以生火。火以生土。

石炭乃充斥於四境。土以生金。鑛質乃遍乎國中。長城既築。涵海化爲漠沙。(涵海本石山

潴水而成。以雨少水涸。山石經嚴寒酷熱。縮漲過劇。乃化爲細沙。沙漠成時。約在秦代以

前)運河既通。水火因成既濟。(運河通後。南北文化。乃得調和)分天山之南北。戌亥以爲

天門。(天山脈起中亞洲之葱嶺。入我國新疆陡高起。貫入新疆中部。東至高密而盡。清時

經營新省。分爲南北路。以示區別。且黃河亦稱天河。雖發源於青海。北流至甘肅綏遠。而

下灌秦晉之交。以入陝豫。則天山天河。皆在戌亥宮。以爲天門固宜)。流地主於東西。辰巳

乃爲地戶。(皖。浙。贛。閩位辰巳宮。皖之徽州。浙之寧波人。俱喜經商外埠。不安本土

而贛造化。五行之休旺無窮。隨地漂流。閩人多服務海軍。僑外埠者亦衆。蓋地戶乃人出入之門也)循

我國東部。有奉天。吉林。黑龍江。山東。江蘇。安徽。浙江七區。布干曰甲乙。支寅卯辰

○寅爲陽木建祿之處。奉天吉林黑龍江屬焉。故滿州沃野無垠。森林甲於國內。(寅爲死木

故)又爲丙戌長生之地。因濟煤甚著。(辛至寅成胎。故鑛產亦豐)卯爲東方正位。乙木建祿

之處。山東江蘇屬焉。故魯產荳麥盛。蘇產桑稻盛。(卯爲活木故)癸水至卯則長生。而黃河

乃以魯為歸藏之口。（黃河舊漕。本經蘇入海。以南疆得失不同。故河流趨向亦異。雖銅瓦廂天演使然。究與五行。亦深符合）長江以蘇為歸藏之口。歸藏於海。亦所為長其生也。辰為土木旺地。安徽浙江屬焉。故皖南稻浙桑稱盛。而皖南多山。等於浙南。水庫於辰。故皖有洪澤之牛。巢湖之潴。浙有太湖之半。錢塘之流。所以庫水也。（產茶亦最富）土寄庫於辰。而皖乃以九華山著。浙以普陀山著。乃竟以釋教彰名。聲駕乎五嶽。設非土居孕秀之處。曷克臻此）且皖徽州一帶。產硯墨有名。蓋硯墨屬土帶水色而黑也。

南部有江西。福建。湖南。廣東。貴州。廣西。六區。布干曰丙丁支巳午未。巳為丙戊建祿之地江西福建屬焉。故贛萍鄉。閩安溪。石炭富饒。而贛瓷。閩漆。尤為特產。瓷漆屬土）庚至巳則長生。故閩疆鑛產甚豐。建寧邵武金鑛。其最著者。陰水至巳則胎。贛乃以鄱陽湖胎水。產茶乃豐。義寧紅茶。武寧綠茶。其著者。（紅綠帶火土氣。蓋以火土得祿也）而閩產菓物。甲於全國。因產水晶石鹽亦豐。午為南方正位。丁巳建祿之處。湖南廣東屬焉。因是火山脈。經高雷以東。乃常有地震之患。而湘沅陵硃砂。粵饒州石炭。亦有名。陰木在午則長生。故湘粵農產。不亞仙省。陽水至午則胎。湘乃以洞庭湖胎水。而湘江一帶多茶。安化

則尤多。粵產菓亦富。未爲火土建旺之處。貴州廣西屬焉。故兩省石炭豐饒。木至未爲庫。

而桂省材木。滇省芋蘺產焉。(癸亦庫於未。兩省乃特產水銀)

西部有雲南。西藏。四川。川邊。青海。甘肅。新疆七區。布干日庚辛。支申酉戌。申爲陽

金建祿之處。雲南西藏屬焉。西藏鑛脈。蘊積甚厚。雲南鑛質。既富且佳。鉏舊

之錫。其最著者。申中戌土寄生。而滇省點蒼山。乃有大理石特產。壬水至申則長生。故長

江出滇經蘇入海。(滇蘇爲長江頭尾。而壬癸長生焉)而鹽井甚多有黑白之分、(本常出黑鹽

○白者。蓋與庚同化之故○)則洱海產普洱茶有名○且藏邊喜馬拉雅山積雪○至七月乃融化

下流○藏之西部(至日喀則至阿里)偏地皆水○乃有陝海之名○酉爲西方正位○陰金建祿之處

○四川川邊靑海屬焉○積崑崙之土○以生金○故靑海珠玉寶石以產○川中鑛脈以富○甯遠之

銅○康定金沙○其最著者○(白蠟虫○亦爲川中特產○深合納音之義)丁巳至酉則長生○而靑

海○則以產壯馬聞○(馬屬午○午宮藏丁巳故)戌爲金土建旺火庫之地○甘肅新疆屬焉○故兩

省出產○有石炭○金○銀○銅○玉等○而蘭州之煙○和闐之玉○其著者○

北部有陝西○綏遠○蒙古○山西○察哈爾○直隸○熱河七區○布干日壬癸○支亥子丑○亥爲

陽水建祿之處。陝西綏遠蒙古屬焉。北部固屬水。而乏水。然黃河之流。貫入秦中。河套灌域。橫穿綏遠。以急流之勢。成海洋之瀦也。水雖旺而丁己亦胎焉。故陝北以產石油聞。（石油含水火土質）陽木至亥則長生。故蒙古西部。林木甚鬱。子爲北方之正位。陰水建祿之處。山西蔡哈爾屬焉。以長城橫貫其間。萬山屹峙。四維土重水掩。則晉瘠苦旱矣。然癸水秀氣。未卽全消。故晉以釀美酒名。辛至子則長生。丙戊則胎。故晉礦產。以鐵與石炭最饒○澤州之鐵。平定之煤。其尤者。丑爲水土旺地。直隸熱河屬焉。故西北距高原。萬山重疊○東南環渤海。眾匯溢洋。金以丑爲庫。而礦脈亦多。（京製銅器尤佳）土位於中央。旺於四維。庫藏四象。其干日戊己。支辰戌丑未。河南湖北屬焉。故兩省特產○河南有稻麥桑蔴。木棉。棗實。石炭。雲母石。硃砂。鉛。錫等。湖北有材木。茶。稻。棉。荳。麥。石炭。鐵。鉛。錫。水晶。綠礬等。五行俱備。而豫鄂位全國中央。黃河長江巨流。隴海鐵道。貫澈東西。京漢粵漢鐵道。洞穿南北。全國樞紐。五行重心繫焉。蓋夫五行之繫天也簡。而繫人也繁。繫地也。着於中。簡也易明。繁也難知。（人事雖繁。如以干支推斷。本毫釐不爽。以研究不精。而以難字忽之。寧非自棄。雖然。五行維繫。固

不爽也）易明則不足推議。難知則不得忽明。着於中也。乃可以言之。因作說如上。然而五

行生旺。固含至理。天演淘汰。亦有眞因。此說似以五行生旺。就地質以言。豈地質以五行

生旺。而演其滄桑哉。如是。則似以五行生旺之說。遷就於地質。非五行所以馭地質也。此

說吾當有別論以明之。要以大而若世界。小而若一器之中。何地無五行何物無五行。如詳

以言。恐耗罄生之力。亦不足罄其意。今以地理物質。其顯著者作說。無所聞於人者。不論

。庶舉其大。而知其微。察其明。而知其晦也。

（完）

徵　求

萬年

歷

萬年曆為研究命學必需之品故本苑

徵求不遺餘力今已有明天啓以後者

如有以天啓以前之萬年曆見惠者本

苑當給以優厚之代價通訊請寫命學

苑編纂處

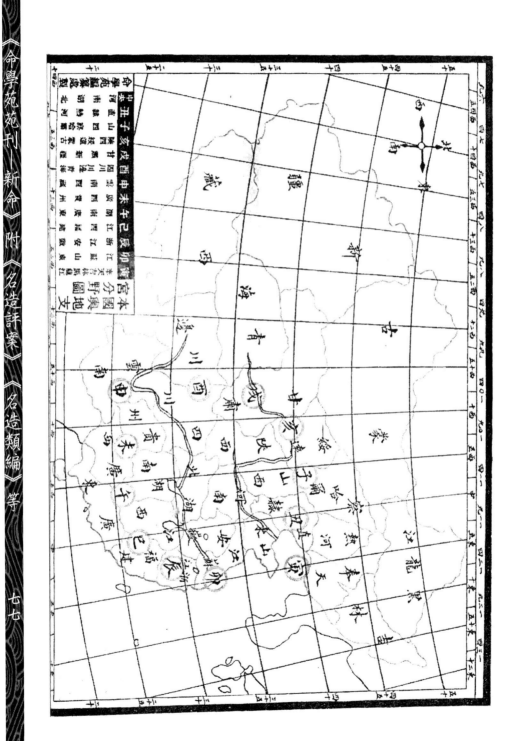

世以干支生克推人祿命。其源出於戰國珞璞子三命通會子平源流考謂與珞璞同時有鬼谷子。漢有董仲舒司馬季主東方朔嚴君平、三國有管輅晉有郭璞北齊有魏定唐有袁天綱僧一行李泌李虛中之徒皆祖其說珞璞以年虛中以日其法至是一變等語竊有疑焉謂珞璞以年爲是何以虛中用日亦驗八字之中必有一主體川日不能並立即不能並驗此百思不得其是者也乃古說以八字四柱譬諸根苗花實推而求之恍然有悟根苗爲宗族苗爲家庭花爲父母寶爲本身譬之求人消息川年如問其宗族用日如問其父母故用日較用年爲詳切宋徐子平得虛中之術而損益之月令爲川神歲時爲輔佐命學至此稱爲完備其以月令爲用神者如已問其父母之後復問其家庭由是言之時爲本身代表當無疑義則用時爲主體不更眞切乎或謂命學至今歷數千年矣古之賢哲考察正行著書立說示後人楷法爾何獨標奇立異變更古說乎殊不知學無窮盡即無止境虛中子平舍年用日豈標奇立異哉命學必變而愈精蓋命學至虛中爲一大進步子平重用神張楠重病藥萬育吾日時並重皆命學日漸進步之明證揣見用時頗加推究非一日矣證驗往往不爽故未敢自秘且如今日甲寅庚午

時生人午時以前為男為女未得測知必至出胎之時始見其人而所感五行陰陽之氣乃備此造化自

然之理淺而易明者即以甲寅庚午而論月日身強殺弱用時身弱殺強固顯然有別也別著用時見驗

篇及六親論詳言之先舉其大端供同志之商略焉。

◀ 徵 稿 ▶

本苑本集思廣益之旨求東方蘊

哲學術之進步與創作悉心研究

不遺餘力因有是集之發行甚願

海內精研命學同志聲氣相求熱

心惠稿以資闡發國粹為幸特定

收稿簡則詳載本刊後幅

命學苑編纂處啓

⊙傷官食神陰陽之分析觀

伯岊

傷官食神。皆盜洩我精氣之物。一陰一陽爲傷官。出乎異性。故其氣偏。陰見陰。陽見陽。爲食神。同屬一性。故其氣純。蓋日主之精氣破洩。英華外發。既有陰陽之異同。當有性氣之純偏也。

傷官之中。復有陽生陰。陰生陽之分。陽生陰者。由剛以生柔。陰生陽者。由柔而生剛。若食神則純陽者剛。而純陰者柔也。

傷官因出乎異性。其氣亦偏。故雖聰明出衆。穎悟不凡。而性高傲物。我是人非。自恃氣盛。皆所不免。若屬陰生陽者。稍轉陽剛之氣。而陽生陰者。不免陰柔多藏矣。

食神則同屬一性。聰明量洪。優遊自足。謹飭守方。不作險想。惟純陽而身強者正。純陰或身弱者。亦當別論也。

傷官食神。不僅陰陽之差別。因屬於金木水火土五行之各異。其發洩於外者。亦有不同。屬於木行者。好生多仁。華秀曲直。屬於金行者。好義守方。堅剛改革。屬於水行者。多

智善謀。執性不定。屬於火行者。好禮逸亮。發越炎上。屬於土行者。守信誠直。好學性

厚。惟或因身弱不足發洩。或遇忌物有害斯神。不能拘泥。當作反觀也。

傷官食神。均忌衝合。衝則阻其發洩。合則貪合忘洩。惟傷食多者。或畏傷食者不忌焉。

命造有食神多見者。必多思想。好作主張。每無成見。有傷食並見者。心思繁亂。好涉獵

學。少有獨造。

正格中。惟傷食爲我精氣之發洩於外者。陰陽之異同。表現易見。惟此格無財。雖巧必貧

。蓋精氣旣洩於外。當使有所歸宿也。

二

八二

▲徵 求▼

凡有古今名人年譜計狀足資命學上

實驗參攷者如承　割愛見惠或借鈔

當以優厚代價奉酬　命學苑啓

轉龕命話

自序

飲光

推步祿命。本於五行家言。五行之說尚矣。原夫太極。該平萬端。極其精微。不離造次。蓋

至玄理趣。非形物所概也。唐李虛中以干支配命。獨重於年。逮宋徐均。發明新旨。衰旺權

衡。始主於日。即盛稱子平法也。後之學者。不絕傳人。漸於末世。流品日下。市井瞽巫

操之乞食。支離卑俗。無足與言。其號能者。喜涉乖誕。略解觚觚述抒悟獲。率多牽雜附會

○言不雅馴。術以人而日晦。人以術而益輕。學者士夫。寡復研問。駸駸焉幾不可一振矣。

飲光遊藝之餘。耽求積歲。私維盈虛陰陽之道。消息天人之際。進之則以成學。非必區區觀兆

吉凶之止足徵也。於是爲之不倦。癖爲愈深。同氣相求。頗獲勝侶。文筵賓座。辨討逾多。

新意美談。不乏可筆。益以千慮之得。累日爲篇。朋會傳觀。交促定稿。因病得間。稍取刪

次。一仍劄記。寫曰命話。亦談詩說詞之體例也。至若名言軼史。散見百家。多拾珍聞。足資

研證。初無叢集。輒費采觀。因並廣爲戡蒐。萃蕘先後。襄成專帙。統入本編。標曰舊聞。

區於臆說。豈云述作。偷益清談耳。

轉籠命話

左　編　　推步臆說

八字重旬

八字重旬。三命通會。蘭臺妙選。皆言之。子平家往往忽視。殊不知其理固淺顯。初無玄奧

。今以人喻。昆弟十八。共炊一室。不出戶庭。其相養相助。視諸比鄰。自倍親切。弟有三

人以至一人。與兄又同操一業。寢饋不離。其休戚相連。等之塗人。又當百倍。是故八字之

中。同旬之物。禍福最切。皆理勢為之也。近世偉人之命。合兩旬包裹。一旬三位諸格者。多

不勝舉。惟八字全在一旬內者。只見張雨亭(作霖)。張敬堯(紹曾)。龔仙舟(心湛)。王慈生

(普)。四人而已。此格行運亦宜在本旬中。方有力。出旬即減。又八字及胎元。各占一旬。

謂之五福集祥。亦貴格也。近代名造。合此格者頗多。余於命格類編中。皆備集焉。

魁星格

甲辰至癸丑一旬。為魁星。昔科舉時代凡鼎甲巍科。命中多見魁星。極驗。如明申時行狀元

○乙未、乙酉、甲辰、乙亥○楊愼狀元○戊申、甲子、乙丑、庚辰、丁丑、甲辰、乙丑、庚辰○余復狀元○壬申、癸丑、乙酉、甲申○王文焯狀元○壬寅、丙午、乙未、丁亥○毛伯知狀元○丁酉、甲辰、丙寅、戊子○姚淶狀元○戊申、戊午、丙辰○巳丑○李敬狀元○戊戌○乙卯、丙午、巳亥○呂柟狀元○巳亥、丁未、丙午○費宏狀元○戊子、乙卯、丁巳、丁未○唐文獻狀元○巳酉、丁卯、丁未、巳巳、丁未、丙午○壬戌、戊申、甲寅。呂臻狀元。甲寅、戊辰、戊申。庚申。唐汝楫狀元。壬申、巳酉、戊申、辛酉。沈坤狀元。丁卯、壬子、巳酉、甲子○朱之蕃狀元○戊午、乙卯、巳酉、甲子。孫繼皋狀元。庚戌、丙戌、巳酉、乙丑○翁正春狀元○壬子、癸丑、巳卯、巳巳○舒芬狀元○甲辰、戊辰、巳亥、乙亥、○曹鼐狀元○甲申、丙寅、庚戌、辛巳○劉若宰狀元○乙未、甲申、壬寅、甲辰○林大欽狀元○辛未、庚子、壬午、戊申○余申狀元○庚寅、戊子、癸亥○蔡潛狀元○癸卯、乙丑、癸亥、癸丑○楊維聰狀元○壬子、癸酉、辛亥○焦宏狀元○庚子、戊子、癸丑、戊戌○莊奇顯榜眼○戊子、甲寅、甲辰、丙寅○曹大章榜眼○辛巳、乙未、甲辰、丙寅○羅珵榜眼○癸丑、甲子、丙寅、巳亥○蕭良有（會元）（榜眼）庚戌、丁亥、丁卯、癸卯。潘晟榜

眼。丁丑、丁未、壬午、辛亥。黃初榜眼。丁酉、戊申、壬戌、丙午。陶大臨榜眼。丁亥、

癸卯、丁卯、丁未。陶望齡（會元）（探花）。壬戌、戊申、甲辰、戊辰。張瑞圖探花。庚午、

己卯、甲辰、戊辰。孫承宗探花。癸亥、甲寅、甲辰、壬申。陳棟（會元）（探花）。丁酉、乙巳

、丙午、辛卯。陳子壯探花。丙申、己亥、丁巳、甲辰。金達（會元）（探花）。辛酉、乙未、

丁巳、丙午。錢謙益探花。壬午、庚戌、乙巳、戊子。鄧以瓚（會元）（探花）。壬寅、辛亥、壬

午、辛丑。袁煒（會元）（探花）。戊辰、癸亥、壬午、丙午。徐階探花。癸亥、壬戌、癸未、

壬子。吳默會元。壬子、丙戌、甲午。鄒守益會元。辛亥、辛卯、丁未、丁未。張治

會元。戊申、辛酉、丁未、乙巳。庚寅、丙子。清陳繼昌三元。壬

子、壬子、壬寅。陸潤庠狀元。霍韜會元。丁未、乙巳、庚戌。孫家鼐狀元。丁亥、甲辰

、丁亥、丙午。曹鴻勳狀元。丙午、己亥、癸亥。張謇狀元。癸丑、戊午、己巳、丁

卯。張之洞探花。丁酉、戊申、戊午。諸命莫不有魁星在四柱中。其他兩榜以次之命

○蓋未可悉舉也。○

井闌叉格

真井闌斜叉格。余看命甚多。以端午橋（方）一人最合。端命爲辛酉、壬辰、庚子、甲申。四

柱無丙丁巳午損露。納音火亦闕然。接行亥子丑一派北方水運。故極美。一入丙運。見官破

局。辛亥流年。二丙爭合辛金。不能化水。陽刃倒戈。遂罹慘刦。蓋格局愈真。其禍福之驗

愈顯也。

　　五行之外格局亦重

吾鄉劉壯肅銘傳。起家寒微。在淮軍迭著戰功。五六年間。創封男爵。所以致之者。僅一亥

運耳。其命爲丙申、丙申、戊戌、癸亥。八字一旬三位。而戊戌日主。獨爲旬內魁罡。申統

坤。爲地戶。亥統乾。爲天門。左右包承。氣勢甚偉。惟二申一亥其力失均。必加一亥相儷

。乃得其平。足見五行生勝之外。亦尚有格局可貴也。

　　　從兒格

從財從殺兩格富貴者多。獨從兒一格。不習見。近看楊文敬士驤八字。乃真從兒格也。楊命

爲庚申、甲申、巳丑、癸酉。四柱洩神重累。日主本體甚弱。且不見一火。惟有棄命從兒取

貴。干支共得壬癸財水四位。金水相資。一氣流轉。滴天髓所謂。却喜吾兒又見兒也。運

歷亥子水鄉。宜其得意。已運比肩助身。克奪財氣。故不起。

太陽在命名利皆顯

每月日臨之次。即月將太陽也。命中遇之。更乘祿馬貴人得用。其力至大。歷驗不爽。蓋太

陽光被天下。無遠弗燭。人命值其躔次。聲名權利。自易洋溢高顯也。如孫文。歷未、癸酉、己亥

、辛卯、庚寅。黃興。甲戌、甲戌、乙卯、丙戌。己卯支皆躔太陽。袁世凱。己未、癸酉、丁

巳、丁未。太陽當巳。黎元洪。甲子、甲戌、丁未、甲辰。徐世昌。乙卯、丙戌、癸酉、丙

辰。太陽俱在辰。馮國璋。戊午、乙丑、乙丑、庚辰。丑為太陽。段祺瑞。乙卯、己卯、乙

亥、壬午。張作霖。乙亥、己卯、庚辰、丁丑。太陽同到亥。吳佩孚。甲戌、戊辰、己酉、己

丁卯。孫傳芳。乙酉、庚辰、壬子、己酉。太陽同到酉。皆令之最顯貴者。清季宰輔疆臣。

如恭親王。慶親王。胡文忠(林翼)。彭剛直(玉麟)。先勤恪公(瀚章)。張靖

達(樹聲)。翁文和(同龢)。王文勤(文韶)。涂朗軒制府。(宗瀛)魏午莊制府(光燾)。端忠愍

(方)。周愨慎(馥)袁海觀制府(樹勛)。張忠武(勛)。姜幹卿都統(桂題)。陳太傅(寶琛)。趙次老(

爾巽)。呂鏡老(海寰)。莫不太陽居命。近時樞貴。若伍廷芳。唐紹儀。岑春煊。熊希齡。錢

能訓○顧維鈞○許世英○龔心湛○李根源○張謇○潘復○唐繼堯○張作相○朱瑞○蔡成勳○齊燮元○曹汝霖○周學熙○王郅隆○陳宦○羅文幹○太陽或居四柱○或見拱夾○或在命宮○文人如王湘綺（闓運）○壬辰、癸丑、辛丑、甲午○嚴幾道（復）○癸丑、乙丑、庚辰、戊寅○章太炎（炳麟）○戊辰、乙丑、癸卯、庚申○丑支皆值太陽○馬通白（其昶）○乙卯、乙酉、己卯、丁卯○卯值太陽○皆享盛名○梅蘭芳○甲午、甲戌、丁酉、癸卯○命宮辰坐太陽○以劇藝震當世○江西周扶九（鵑）富翁○甲午、壬申、乙未、庚辰○午遇太陽○以多貲爲豪○其他類是者至繁○不悉縷舉○

人事遇合喜忌皆通於命

人生遇合固定於命○而推挽左右之者○尤與本命喜忌最有關涉○往往事功垂成○遇一與命中克忌之人○輒展轉阻難○終不獲就○與已命五行生克相和者共謀○雖意外求爲○亦竟唾手而得○五行之用○該於萬端○此理不移○林衆難自京南來○促膝連日○縱談當世達人造命○偶以其同鄉杜慎臣（錫珪）八字見質○云其自言爲戌時生○境不符運○辨究甚詳○余細審其出處遇合○迭加推索○定爲酉時○辛旺化水爲福○杜命干支○係甲戌、丙子、癸卯、辛酉○現行

辛運○柱中月時丙辛。干合化水。子建得勢○丙寅歲運相合○又復化水○遂以海軍總長○突綜

國務○得之甚奇○所謂意外之合也○先是攝揆○擬顏駿人○顏讓與顧少川○顧弗卽就○張子

武鄭鳴之兩丈○因同推杜○顧從而力成之○張雨亭○孫馨遠○遂先後贊助○顧命丁亥○鄭命丙

子○張命丁丑○適會成亥子丑水局○又益以張雨亭亥命○孫馨遠乙酉命○（納音水）○皆屬水○

而最以顧少川命中水最旺○（顧命丁亥、癸丑、巳亥、戊辰、）水象浩瀚○會於一時○獨爲杜

命所喜○竟於無意間○以水軍執摰政○民國以來一人耳○命會遇合○蓋亦奇矣○衆雖亦自言

○每遇酉命人輒合○申命人多不順○頗與其八字喜忌相通○極服余說○

宓妃及唐太宗命

宓妃留枕○千古美談○吾友觀瀑居士○竟考得其辰命干支○舉以相眩○予以世遠○未易徵據

○觀瀑則持之鑿鑿○姑記之○亦清談佳話之一柄也○甄后八字○係壬戌、壬子、丁酉、戊申

○丁壬妒合○遨帶貴人○官殺得勢○顯而不清○綽約風流○恍聞環佩巳○又唐太宗命○爲巳

未、丙寅、戊午、乙未、觀瀑亦考證甚詳○並寫存焉○

（未完）

名造類編

前集

甲編

帝王 后妃 類

飲光 洪載 輯著

名造類編自序

神農嘗百草以辨求藥性之用。瓦德探沸鎔而明創蒸氣之機。古今中外學理。未有不假事驗而成功闡發者。學理愈奧賾。事驗愈切要。自解剖之術明。取骨殖臟府製標本而醫學大進。蒸汽發動必求水火復廣徵事用。因革利弊。而油體化氣之馬達新機以成。是故學理發於思惟。思惟端乎事驗。理事融而學說立然。又必待夫詳稽事驗反證學理。而後始成引申闡發因革日新之功也。用五行生勝推求辰命之學。好之有年。其始也茫然進之。復疑莫能明入之既久。驗之人事日亦繁乃豁然而解。癖焉彌深信爲斯誠理事踐證之學也。於是益從事踐證以爲引申闡發遂訪羅古今聞人士大夫造命釜夜研繹不疲。積十年聚獲日多。輒爲之編次類別。而益以其人事行逑著于篇備效驗。爲天演之說曰物競日天擇夫智強愚弱共競。而愚弱者勝。覆舟之下有不溺者爲其理說若奥衍而難知跡其形事則皎然可觀舉其陳跡以驗理說。蓋無支離可遁者矣。

名造類編凡例

一　本書爲研究命理實驗起見故凡帝王官貴碩學聞人以逮壽考凶終等類足資學理探討者概爲蒐集窮數載心力得命造千餘自明淸迄民國各以類從不取唐宋遠難徵也。

一　本書分爲前後二集前集以天干數分定十編載明淸帝王及有淸一代名臣櫃貴文苑藝林等類命造後集以地支數分定十二編載民國以來達官聞人富豪貨殖者壽凶終等類命造

一　各類所載命造皆以年命先後爲次序凡以官貴人爵從類者則以所歷官階最高者爲定蔗便索驥按圖有條不紊。

一　凡不專以人爵爲重者則各依其負盛名不朽之事業從類如明董其昌淸王士禎民國梁啓超等之不取官貴而蔽文苑藝林所以傳其特才也

一　各類命造皆系各人小傳詳記爵里字號及一生事略着述子嗣極求翔實俾研究命理者洞凶終一類不限富貴窮通凡不得正命者皆入之至水火兵藥車縊雷震各塗復別區子目以便檢攷。

知專蹟以驗證學理。一革世傳命書附載簡俗之陋而收事理圓融之美。

一　自來命書引載名人造命干支八字不習於附會竄改卽失之耳食舛謬本書所集命造皆經縝密審定凡帝后皇子悉據玉牒史傳逵官聞人或依家乘年譜碑狀訃書或出本人面述戚友轉示俱信眞確不訛凡稍涉疑似者暫從割愛以俟續編。

一　本書以史傳載記體裁供命學研究參攷故於學理不著一字臆見推評以明體例藉便學者自力研索驗證各見仁智至編者對於各命造評判之學案別著有奪精粜一書另行於本編前後集之命造皆以私見蠡測一一詳論其義旨焉。

二

九六

名造類編前後集總目

▲前集

▲新命▼　第二集　名造類編前後集總目

▲新　命▼　第一集　名造類編前後集總目

名造類編前集

李　洪　歆
　洪　載　光
　　　輯　著

▲命學苑審定

甲編上　帝主類

元世祖

○元

乙亥　乙酉　乙卯　乙酉

名忽必烈蒙古人睿宗第四子太祖十年八月乙卯日酉時生母莊聖皇太后奇渥氏宋景定元年庚申夏四月即位於開平定都燕京改國號曰元至元十六年己卯二月滅宋一統中國逐東征日本南征緬甸安南占城爪哇等國領土遠及歐洲東部疆域之廣前古未有帝度量宏廣知人善任信用儒術立經陳紀規模遠大在位三十五年八十歲至元三十一年甲午春正月崩謚文武廟號世祖年號中統至元

○明

明太祖

戊辰　壬戌　丙子　己丑

姓朱名元璋字國瑞濠州人。元致和元年生幼孤至正四年甲申。爲皇覺寺僧壬辰郭子興據濠閏三月甲戌朔往投之子與奇其貌留爲親兵所戰輒勝。乙未正月總子與兵南攻下太平路丙申三月克集慶路改爲應天府七月己卯諸將奉爲吳國公癸卯八月滅陳友諒甲辰稱吳王丁未九月克平江執吳王張士誠冬十月移師北克燕京滅元戊申洪武元年正月乙亥即皇帝位。建都應天爲南京在位三十一年七十一歲戊寅夏閏五月乙酉崩諡高皇帝廟號太祖年號洪武。

明惠帝

丁巳　壬子　己卯　癸酉

名允炆太祖孫懿文太子標第二子洪武十年十一月己卯酉時生母妃呂氏性至孝壬申四月

父薨居喪毀瘠太祖撫之曰而誠純孝顧不念我乎，九月立爲皇太孫戊寅閏五月辛卯即帝位，

召川方孝孺等典章制度銳意復古建文元年己卯燕王棣舉兵反四年壬午六月京師陷帝祝

髮徧遊西南山川六十四歲正統五年九月還老於大內在位四年年號建文清追謚恭閔惠帝，

明成祖

庚子　辛巳　癸酉　辛酉

名棣太祖四子元至正二十年生母孝慈高皇后洪武三年庚戌五月封燕王。惠帝納齊泰黃子

澄謀以諸王多不法欲因事削除。建文元年己卯七月帝舉兵叛稱其師曰靖難壬午六月乙丑

陷京師即帝位族方孝孺等以北平爲北京遷都之整理內政外征安南韃靼瓦剌阿魯台等武

功頗盛在位二十二年六十五歲甲辰秋七月辛卯崩於榆木川行在諡文廟號成祖年號永樂。

明仁宗

丁卯　己酉　辛巳　己丑

名高熾成祖長子洪武二十年生母燕王妃徐氏卽仁孝文皇后乙亥冊立爲燕王世子成祖數

北征命帝監國裁決庶政四方水旱饑饉輒遣賑恤仁聞大著鄖王高煦高燧日伺隙讒搆帝不

爲意甲辰秋八月丁巳卽位明年四十八歲乙巳五月辛巳崩諡昭廟號仁宗年號洪熙

明憲宗

丁卯　壬子　庚寅　丙子

名見深英宗長子正統十二年生母貴妃周氏巳巳八月立爲皇太子景泰三年壬申五月廢爲

沂王天順元年丁丑四月復立爲皇太子八年甲申正月乙亥卽位詔雪于謙寃十一年乙未改

諡郕戾王爲景皇帝置西廠以太監汪直領之直歀愈熾擅行逮問易置近臣太監梁芳等爲奇

技淫巧結萬貴妃歡累朝積金七窖俱盡在位二十三年四十歲丁未秋八月巳丑崩諡純廟號

憲宗年號成化

明孝宗

庚寅　甲申　巳卯　甲子

名祐樘憲宗第三子成化六年生母貴妃紀氏卽耑僖淑妃十一年乙未十一月癸丑立爲皇太

子。成化二十三年丁未九月壬寅即帝位。逮太監梁芳等謫戍死停納粟例。帝恭儉有制勤政愛

民。故一時朝序清明民康物阜在位十八年三十六歲乙丑夏五月辛丑崩諡敬廟號孝宗年號

弘治。

明武宗

辛亥　戊戌　丁酉　戊申

名厚照孝宗長子弘治四年生母孝康敬皇后張氏五年壬子三月戊寅立爲皇太子弘治十八

年乙丑五月壬寅即帝位帝於佛經梵語無不通曉自稱大慶法王西天覺道圓明自在大定慧

佛築豹房新寺於禁內恣聲伎爲樂嘗微行至宣府數夜入人家索婦女大樂忘歸稱曰家裏十

四年己卯六月甯王宸濠反七月王守仁討平之九月帝以親征逐如南京江彬導帝肆意漁獵

庚辰十月還京遘疾在位十六年三十一歲辛巳春三月丙寅崩於豹房諡毅廟號武宗年號正

德。

明世宗

丁卯 巳酉 辛巳 巳丑

名厚熜憲宗孫興獻王祐杬長子正德二年生母興獻王妃蔣氏十四年巳卯父薨帝年十三以世子理國事辛巳三月辛酉除服特命襲封武宗崩無嗣迎立之四月癸未卽帝位誅江彬嘗宿曹妃宮嘉靖二十二年癸卯三月宮婢楊金英伺帝熟寢以組縊帝項未絕皇后馳救得甦收曹妃金英等磔於市時權歸嚴嵩久始罷之帝晚年求方術益急分遣御史求方書後服方士王金等丹藥遂崩時在丙寅冬十二月庚子在位四十五年壽六十歲諡肅廟號世宗年號嘉靖

明穆宗

丁酉 癸卯 癸卯 辛酉

名載垕世宗第三子嘉靖十六年生母康妃杜氏十八年巳亥二月封裕王四十五年丙寅十二月庚子卽位召用建言得罪諸臣死者恤錄方士悉付法司治罪減賦息民邊郵嘗諡稱繼體守文之主在位六年三十六歲壬申五月庚戌崩諡莊廟號穆宗年號隆慶。

明神宗

癸亥　辛酉　癸亥　辛酉

名翊鈞穆宗第三子嘉靖四十二年生母貴妃李氏隆慶二年戊辰三月辛酉立爲皇太子六年壬申六月甲子卽位帝遣中官開礦擾及良民又增設各省稅使由此民不聊生變亂蠭起時淸兵屢侵邊始命熊廷弼經略遼東在位四十八年五十八歲庚小七月丙申崩諡顯廟號神宗年號萬曆，

明光宗

壬午　己酉　丙申　乙未

名常洛神宗長子萬曆十年生母恭妃王氏二十九年辛丑十月已卯立爲皇太子乙卯五月己酉有薊州男子張差持挺入宮時鄭貴妃謀危太子及差被執辭連貴妃株連遂磔差於市其事乃止四十八年八月丙午卽帝位貴妃使內侍進洩藥帝由此委頓鴻臚寺丞李可灼進紅丸帝服之九月乙亥卯刻遂崩在位一月年三十九諡貞廟號光宗年號泰昌

明熹宗

乙巳 戊子 甲午 甲子

名由校光宗長子萬曆三十二年生母選侍王氏四十八年庚申神宗崩遺詔皇長孫及時冊立未及行九月乙亥光宗崩庚辰卽位帝性機巧好親斧鋸錐鑿髹漆之事魏忠賢與帝乳母客氏相結擅威福流毒搢紳在位七年二十三歲丁卯八月乙卯崩無子弟信王由檢卽位諡哲廟號

熹宗年號天啓

明思宗

辛亥 庚寅 乙未 己卯

名由檢光宗第五子萬曆三十八年庚戌十二月生母賢妃劉氏早薨天啓二年壬戌封信王丙寅出居信邸熹宗卒無嗣八月丁巳入卽帝位放死魏忠賢誅客氏等贈恤冤陷諸臣毀三朝要典時清寇日強屢爲邊患李自成張獻忠復爲亂於國中流賊縱橫民不安枕甲申二月自成陷京師三月丁未內城陷帝自縊於煤山而明遂亡在位十七年年三十四諡端南都諡思宗改諡毅宗又稱懷宗年號崇禎

○清

清世祖

戊寅　乙卯　甲午　甲戌

姓愛新覺羅名福臨自號臆菴道人太宗第九子崇德三年正月三十日戌時生母永福宮莊妃

博爾濟錦氏卽孝莊文皇后六歲八年癸未八月二十六日襲位從父睿親王多爾袞鄭親王濟

爾哈朗同輔政甲申紀元順治實爲明之崇禎十七年四月命多爾袞率師經略中原五月得明

天下九月自盛京遷都燕京十月初一日卽皇帝位定國號仍曰清紀元仍曰順治命多爾袞獨

攝政乙酉五月滅明福王六月下令薙髮旋滅流賊李自成七月下令易服制丙戌十二月滅明

唐王並流賊張獻忠辛卯正月十二日親政壬辰十二月西藏達賴喇嘛入覲受封癸巳閏六月

琉球內屬十八年辛丑正月初七日丁巳子時病痘崩於養心殿年二十四康熙二年癸卯六月

葬孝陵諡章子八人女六人。

清聖祖

清世宗

甲午　戊辰　戊申　丁巳

名玄燁自號體元主人世祖第三子順治十一年三月十八日巳時生於景仁宮母世祖妃佟氏

即孝康章皇后辛丑正月世祖大漸爲帝特定漢字御名淸之避御名立廟諱自此始旋遺詔立

爲皇太子嗣大統十九日即皇帝位於太利殿時年八歲以內大臣索尼蘇克薩哈遏必隆鰲拜

四人輔政十二月滅明桂王天下混一康熙五年丙午五月安南黎氏內屬丁未七月初七日巳

酉親政癸丑二月暹羅內屬十一月滇藩吳三桂反閩桂相繼起雲南貴州福建兩廣四川陝西

諸省俱遭蹂躪辛酉十月以次蕩平癸亥八月征降臺灣鄭氏改置郡縣辛未四月喀爾喀全部

內附至是外蒙古皆服丁丑閏三月擊殺噶爾丹朔漠平十一月青海內附丁酉八月西藏被侵

庚子八月平之辛丑四月臺灣亂六月平在位南巡者六東巡者一出塞者四六十

一年壬寅十一月十三日戌時崩於暢春園壽六十九歲雍正元年九月葬景陵諡仁廟號聖祖

年號康熙著有御製詩文集子三十五人女二十八

戊午　甲子　丁酉　壬寅

名胤禛聖祖第四子其初行次爲第十一，康熙十七年十月三十日寅時生母烏雅氏卽孝恭仁皇后戊寅三月封多羅貝勒癸未正月隨駕南巡巳丑三月晉封和碩雍親王壬寅十一月二十日遵命卽皇帝位於太和殿雍正元年癸卯五月青海叛甲辰三月削平丁未二月勤滇黔苗疆五月西藏叛亂戊申十二月平之癸亥十二月準噶爾侵西陲丁卯五月許準噶爾納款定界十三年乙卯八月二十三日巳丑子時崩於圓明園壽五十八歲乾隆二年丁巳三月葬泰陵謚憲廟號世宗年號雍正著有御製詩文集子十人女四人。

清高宗

辛卯　丁酉　庚午　丙子

名弘曆世宗賜號長春居士後嘗自號信天主人七十後自稱古稀天子又稱十全老人爲世宗第四子其初行次爲第五康熙五十年八月十三日子時生於雍親王藩邸母王府格格鈕祜祿氏卽孝聖憲皇后壬寅三月聖祖命養之宮中雍正十一年癸丑二月封和碩寶親王乙卯五月

命入值辦理苗疆事務處八月遺詔立爲皇太子嗣大統九月初三日己亥卽皇帝位於太和殿

乾隆元年丙辰七月征服苗疆丁卯二月大金川叛已巳正月平之庚午十月西藏叛亂旋定辛

未六月緬甸內屬癸酉五月準部亂乙亥五月平之已卯十月回部丙戌正月緬甸叛辛卯八

月小金川叛是年緬甸滅遏羅丙申二月平小金川丙午十二月遏羅國復內屬臺灣亂戊申正

月平之五月安南黎氏滅六月緬甸仍內屬七月廓爾喀窺後藏已酉六月安南阮氏仍內屬尋

其王入覲壬子六月擊降廓爾喀遂內屬在位南巡者六東巡者六皆登泰山謁曲阜西巡者一

幸嵩洛幸五臺者五卽位六十年既滿明年嘉慶元年甲寅正月朔日御太和殿內禪遂稱太上

皇帝退居甯壽宮仍訓政四年丁巳正月初三日辰時崩於養心殿壽八十九歲九月葬裕陵謚

純廟號高宗年號乾隆文德武功爲一代之冠著有樂善堂集及御製詩文集子十七人女十八

清仁宗

　　　　庚辰　　丁亥　　丁丑　　辛丑

名顒琰初名永琰高宗第十五子乾隆二十五年十月初六日丑時生於圓明園之天地一家春

母貴妃魏氏即孝儀純皇后己酉十一月。封和碩親王。乙卯九月。立為皇太子嘉慶元年丙辰

正月朔日戊申受高宗內禪即皇帝位於太和殿高宗訓政旋白蓮賊起川陝湘鄂諸省迭陷

復己未正月初三日壬戌親政壬戌十二月賊亂蕭淸癸亥六月改安南國號曰越南九月教匪

林淸犯闕伏誅二十五年庚辰七月秋獮木蘭是月二十五日己卯時崩於熱河行宮壽六十

一歲道光元年辛巳三月葬昌陵諡睿廟號仁宗年號嘉慶著有御製味餘書室集子五人女九

人。

清宣宗

　壬寅　己酉　甲戌　丙寅

名旻寧初名綿寧即位後改今名仁宗第二子乾隆四十七年八月初十日寅時生於擷芳殿中

所母皇子嫡妃喜塔臘氏即孝淑睿皇后嘉慶十八年癸酉九月以禁籞擊賊功封和碩智親王

庚辰七月隨駕駐熱河行宮仁宗疾大漸以為皇太子尋還宮八月二十七日庚戌即皇帝位於

太和殿道光五年乙酉九月回酋叛陷新疆西四城丁亥三月克復庚子以禁販鴉片事與英吉

清文宗

　辛卯　乙未　己丑　乙丑

名奕詝宣宗第四子道光十一年六月初九日丑時生於圓明園之澄靜齋即後更爲基福堂也

母全貴妃鈕祜祿氏即孝全成皇后二十歲庚戌正月二十六日己未即皇帝位於太和殿六月

髮賊洪秀全起廣西桂平之金田村咸豐元年辛亥捻賊起河南癸丑正月髮賊竄陷江甯據爲

僞都大江南北十餘行省郡縣迭被陷沒丁巳十二月英法聯軍陷廣州戊午四月陷大沽五月

議欵開漢口九江鎮江牛莊登州臺灣潮州瓊州等處爲通商口岸庚申七月聯軍復陷天

津八月初八日己已車駕出狩熱河九月與英法議欵開天津爲通商口岸並割九龍予英十一

利數六月英人攻陷定海辛丑七月陷廈門九月陷甯波壬寅六月陷鎮江江甯旋議欵割香

港予英並開廣州福州廈門甯波上海等五處爲通商口岸三十年庚戌正月十四日丁未崩於

圓明園慎德堂大行皇太后苦次壽六十九歲咸豐二年壬子三月葬慕陵諡成廟號宣宗年號

道光著有御製養正齋書集子九人女十人

清穆宗

丙辰　壬辰　庚辰　癸未

名載淳文宗長子咸豐六年三月二十三日未時生於圓明園之儲秀宮母懿嬪葉赫納喇氏卽孝欽顯皇后庚申八月隨侍熱河行宮辛酉七月十六日文宗不豫立帝爲皇太子九月二十九日駕還京師十月初九日甲子卽皇帝位於太和殿十一月兩宮皇太后鈕祜祿氏葉赫納喇氏垂簾訓政同治元年壬戌雲南叛回起陝城邑甲子五月俄羅斯奪藩部霍罕六月克復江甯髮賊平東南諸省亂定丙寅正月新疆叛回陷伊犁戊辰六月捻賊肅清畿輔及河南北諸省定已九月暹羅請改貢道不許自是貢亦不至辛未五月俄人據伊犁癸酉正月二十六日帝親政五月滇黔回亂肅清域內平十三年甲戌十一月初十日己酉病痘復由兩宮皇太后訓政十二月初五日甲戌酉時崩於養心殿年十九或謂帝以微行蘊毒致疾不起光緒五年己卯三月葬

年辛酉七月十七日癸卯寅時崩於熱河行宮之煙波致爽殿年三十一同治四年乙丑九月葬定陵諡顯廟號文宗年號咸豐著有御製履信書屋集子一人女二人。

十五

一一五

惠陵謚毅廟號穆宗年號同治無子初以從弟端郡王載漪子溥儁入嗣後廢之光緒三十四年

戊申復以宣統帝爲嗣。

清德宗

辛未　丙申　丁亥、庚子

名載湉文宗弟醇親王奕譞之第二子同治十年六月二十八日子時生於太平湖藩邸之槐蔭

齋母醇親王嫡福晉葉赫納喇氏卽孝欽顯皇后胞妹也後以避孟秋時享齋期改以是月二十

六月爲萬壽節四歲十三年甲戌十二月初五日甲戌穆宗崩帝入承大統爲嗣皇帝兩宮皇太

后鈕祜祿氏葉赫納喇氏垂簾訓政光緒元年乙亥正月二十日戊午卽皇帝位於太和殿丁丑

十一月新疆以次克復尋改謚郡縣已卯三月日本滅琉球辛已正月俄人還伊犁三月皇太后

葉赫納喇氏獨訓政乙酉四月法人取越南十一月英人滅緬甸丁亥正月十五日癸卯帝親政

皇太后猶訓政十月以澳門永租於葡萄牙已丑二月初三日已卯皇太后始歸政二十年甲午

日本侵略朝鮮發兵救之連戰皆敗海軍全覆十月日本陷遼東乙未三月議款割台灣澎湖聽

朝鮮爲自主國開沙市重慶蘇州杭州等處爲通商口岸五月日本歸遼東侵地戊戌二月以膠

州灣租於德三月以旅順大連灣租於俄五月以威海衞租於英川康有爲等計力行新政凡百

日八月初八日己丑皇太后復訓政幽帝於西苑瀛臺己亥十月以廣州灣租於法庚子五月拳

匪仇外肇亂七月二十一日庚申中英俄德法美意奧日本等八國聯軍攻陷京師帝出狩西安辛

丑十月議和約成賠款四百五十兆兩十一月二十八日還京乙巳十一月以旅順大連灣租借

權移於日本丙午七月下詔預備立憲三十四年戊申十月二十一日癸酉時崩於瀛臺年三

十八民國二年癸丑十一月葬崇陵謚景廟號德宗年號光緒無子以宣統帝兼祧

清遜帝

　丙午　庚寅　壬午　丙午

名溥儀德宗弟醇親王載灃長子光緒三十二年正月十四日午時生於十刹海潘邸母醇親王

嫡福晉瓜爾佳氏大學士榮祿女也三歲戊申十月二十一日癸酉入嗣穆宗兼祧德宗爲嗣皇

帝本生父載灃攝政十一月初九日辛巳卽皇帝位於太和殿明年已酉紀元宣統三年辛亥八

月。革命軍突起武漢，各省風從，遂廢大清制，改建中華民國。迫帝遜位，給歲費四百萬元，仍居禁城。民國六年丁巳五月，張勳擁帝復辟，未成。壬戌十月十三日癸卯大婚。十三年甲子十一月。馮玉祥既背曹錕據京師，逐帝出宮，遂以庶民居天津，永廢帝號。

甲編下　后妃類

明神宗皇后

　甲子　乙亥　癸酉　壬子

氏王。十五歲萬歷六年戊寅三月，以妃立為后。五十七歲萬歷四十八年庚申四月崩。

明熹宗皇后

　丁未　辛亥　乙丑　癸未

氏張。河南祥符縣監生張國紀女。十五歲天啟元年辛酉四月，以妃立為后，無子。三十八歲崇禎十七年甲申二月，李自成陷京師，思宗及皇后等皆殉難，獨后入成國公第，未知所終。

清孝貞皇后

丁酉　戊申　丁亥　丙午

文宗后氏鈕祜祿廣西右江道穆揚阿女道光十七年七月十二日午生咸豐二年壬子二月
封貞嬪五月晉貞貴妃十月立爲皇后時年十六少於文宗十二歲庚申八月從車駕出狩熱河
辛酉七月穆宗嗣位尊爲慈安皇太后九月還宮十一月初一日乙酉偕孝欽后御養心殿垂簾
訓政時年二十五世人稱爲東太后同治十二年癸酉二月穆宗親政甲戌十一月初十日己卯
穆宗病痘復訓政光緒七年辛巳三月初十日壬申戌刻暴崩或云實爲孝欽后所酖也年四十
五。謚孝貞等十四字。

清孝欽皇后

乙未　丁亥　乙丑　丁亥

文宗妃穆宗母氏葉赫納喇安徽徽甯池太廣道惠徵女道光十五年十月初十日亥時生咸豐
元年辛亥被選入宮初賜號爲懿貴人甲寅十一月冊封懿嬪丙辰三月生皇長子是爲穆宗旋
晉懿妃丁巳十二月晉懿貴妃庚申八月隨侍車駕出狩熱河辛酉七月穆宗嗣位尊爲慈禧皇

太后九月還宮十一月初一日乙酉同治貞后御養心殿垂簾訓政時年二十七世人稱為西太后同治十二年癸酉二月穆宗親政甲戌十一月初十日己卯穆宗病痘復訓政光緒七年辛巳三月孝貞后崩遂獨訓政戊子以籌辦海軍鉅款移築頤和園成己丑二月初三日己卯始歸政德宗戊戌八月初八日己丑幽德宗復訓政庚子五月信用義和團拳匪仇外肇亂七月八國聯軍攻陷京師后挾德宗出幸西安辛丑十一月還京戊申十月二十一日癸酉宣統帝入承大統尊為太皇太后翼日甲戌未刻崩壽七十四謚孝欽等二十二字

清孝定皇后

丁卯　癸丑　己未　乙亥

德宗后氏葉赫納喇副都統桂祥女孝欽后姪女也同治七年正月初十日亥時生光緒十四年戊子十月孝欽后為德宗納聘之己丑正月立為皇后庚子七月從車駕赴西安辛丑十一月同還京師戊申十月宣統帝入承大統稱兼祧母后尊為隆裕皇太后宣統三年辛亥十二月二十五日戊午率同皇帝下詔遜國民國二年癸丑正月十七日甲戌崩於故宮清謚孝定等十二字

清端康皇貴妃

甲戌　癸酉　庚寅　壬午

德宗妃氏他他拉總督裕泰女孫侍郎長敍女同治十三年八月二十日午時生光緒十四年戊子十月封為瑾嬪時年十五甲午正月晉封瑾妃十月以事忤太后旨降為貴人乙未十一月仍册封瑾妃庚子七月隨侍西巡戊申十月宣統帝立尊為皇太妃上尊號曰端康民國成立仍居宮中甲子冬十月卒年五十一，

清恪愭皇貴妃

丙子　庚寅　甲子　甲子

德宗妃氏他他拉端康妃胞妹也光緒十四年戊子十月年十三與姊同時被選封為珍嬪甲午同時晉封珍妃復同時降為貴人明年仍册封珍妃庚子七月京師陷殉難年二十五或云慈禧太后奔時命妃投宮內非中死也二十五年辛丑十一月德宗還宮追封為珍貴妃葬西直門外後追諡恪愭。

張其鍠評命遺蹟

張於易理子平六壬奇門諸學。皆篤嗜深詣。而於

命理頗自負。此為合肥李仲老所評者。茲從李氏

假得手蹟。特付影印。

　　　　　　　　　　　　　　　　編者誌

李伯老　甲己年三妻後
　　五日高院

劫乙未官劫卯

印丁卯印官

戊午劫卯

相壬子戕

時上偏財格

戊生卯月雜石當令

且元有氣主子正時也禮兀新

此生時上傷殺格也未中乙官為

年含胡獨用月畫運正官之劫存殺

捘午刀而為貴西得正官帝内掌

若得之感橇此之謂美子癸亥為全

四邁用殺生官飛黃騰運了無

龍飛意運与身本含棒閣又虎甲

氣象天中有憾至運合丁化火矣。

用至金朝斯丙也甍戍運丙葵庫

之地破壬刑未嘗然允允利辛運

陷害尤不佳甴運沖剋卯違殺

辛更丁亥於亥年歲運并臨于

又辛已安於逅丙以後尤為大

患也緣卯葵之用在嵋機以立功

願向流日元所托命兮与功名兮

沙。沖剋六度何傷。今歲壬戌雄

煙刑未且為墓庫之鄉。然与辛酉

为後已西發青且壬為偏戲弓弓以禍

我刑剋或所石免身卻宮之要宏

癸亥以後均属坦途老年所傷

食運優游林下尚難於宦但石

宜用世事，年8十十六亥巳運前

賊之地。帝旺所宜。

子亥西賊疊叠更刑冲旺有餘强

之歲己占脫輻之交。主水偏才出頭。

丁壬相合之有專房之寵。卯官達

旺子必克家。

◉唐李虛中命書

此唐李虛中所著。明季收入永樂大典。

清四庫全書。又從永樂大典中採錄而

出者。爲命學有名價之古籍。千年以來。

迄無傳刊之本。學者憾焉。茲從合肥李

氏假得所藏傳鈔四庫祕本。特付校印。

以公同好。編者誌。

●韓昌黎撰李虛中墓誌銘

殿中侍御史李君名虛中字常容其十一世祖冲貴顯拓跋世父憚河南溫縣尉娶陳留太守薛江童女生六子君最後生愛於其

父母年少喜學學無所不通最深於五行書以人之始生年月日所直日辰干相生勝衰死王相斟酌推人壽夭貴賤利不利

輒先處其年時百不失一二其說汪洋奧美關節開解萬端千緒參錯重出學者就傳其法初若可取卒然失之星官曆翁莫能與

其校得失進士及第試書判入等補校書正字母喪去官卒喪選補太子校書河南尹奏疏授伊闕尉佐水陸運事故宰相鄭公餘

慶繼尹河南以公爲運佐如初宰相武公元衡之出劍南奏奪爲觀察推官授監察御史臺疏言行能高不宜用外府卽

詔爲眞御史都分部東都盜遷殿中侍御史元和八年四月詔徵旣至宰相欲白以爲起居舍人經一月疽發背六月乙酉卒年

五十二其年十月戊申葬河南洛陽縣距其祖澠池令府君僑葬十里君昆弟六人先君而歿者四人其一嘗爲鄭之滎澤尉信

道士長生不死之說旣去官絕不營人事故四門之募孤孩與滎澤之妻子衣食百須皆由君出自初爲伊闕尉佐河南水陸運

使換兩使經七年不去所以爲供給教養者及由蜀來輩類御史皆樂在朝廷進取君獨念煢嫠求分司東出嗚呼其仁哉君亦好

道士說於蜀得祕方能以水銀爲黃金服之冀果不死將疾謂其友衞中行大受韓愈退之曰吾夢大山裂流出赤黃物如金左人

曰是所謂大還者今三矣君旣歿愈追占其夢曰山者艮艮爲背裂而流赤黃疽象也大還者大歸也其告之矣妻范陽盧氏卽滑

節度使兼御史大夫某之女與君合德親戚無一退言男三人長曰初協律次曰彤其幼日還適三歲女子九人銘曰 不贏其躬

以俟其後人

欽定四庫全書提要

李虛中命書三卷舊本題鬼谷子撰唐李虛中註虛中字常容魏侍中李沖八

世孫進士及第元和中官至殿中侍御史韓愈爲作墓誌銘見於昌黎文集後

世傳星命之學者皆以虛中爲祖愈墓誌中所云最深五行書以人之始生年

月日所直日辰支干相生勝衰死王相斟酌推人壽夭貴賤利不利輒先處其

年時百不失一二者是也然愈但極稱其說之汪洋奧美萬端千緒而不言有

所著書唐書藝文志亦無是書之名至宋志始有李虛中命書格局二卷鄭樵

藝文略則作李虛中命術一卷命書補遺一卷晁公武讀書志又作李虛中命

書三卷焦氏經籍志又於命書三卷外別出命書補遺一卷名目卷數皆參錯

不合世間傳本久絕無以考正其異同惟永樂大典所收其文尚多完具卷帙

前後亦頗有次第並載有虛中自序一篇稱司馬季主於壺山之陽遇鬼谷子

出遺文九篇論幽微之理虛中爲之注釋其說誣誕不具錄詳勘書中義例首

論六十甲子不及生人時刻干支其法頗與韓愈墓誌所言始生年月日者相

合而後半乃多稱四柱其說實起於宋時與前文殊相繆戾且其他職官稱謂

多涉宋代之事其不盡出虛中手尤爲明甚中間文筆有古奧難解者似屬唐

人所爲又有鄙淺可嗤者似出後來附益眞僞雜出莫可究詰疑唐代本有此

書宋時談星學者以已說闌入其間託名於虛中之註鬼谷以自神其術耳今

以其議論精切近理多得星命正旨與後來之査邈恍惚不同故依晁氏原目

釐爲三卷著之於錄以存其法而於其依託之顯然者則各加案語隨文糾正

俾讀者毋爲所惑焉

李虛中命書卷上

甲子天官藏是子旺母衰之金溺于水下而韜光須假火革有旺盛之氣方可以揚

名顯用 命入貴格明暗取官

乙丑祿官承乃庫墓守財之金不嫌鬼旺之方喜見祿財之地水土砥礪忽然有氣

亦可以為器成材 平和貴格不須祿到

丙寅祿地元是子母相承之火先煙後焰抽其明而三進喜木為助嫌水淩遲五行

相養雖在死方亦可光耿 命入貴格不用干祿

丁卯貴祿奇乃本旺祿休之火惟欲陰旺惡處盛陽若火木相資連于艮震之方必

能變鼎味而成享禮也 欲逢官鬼始得貴奇

戊辰神頭祿乃華實兼榮之木愛乎水土忌見火金有所養於金乃英寶之命也 相乘可貴

己巳地奇備乃氣盛體剛之木生逢對旺干鬼相加。或木來比助金伐以成爲棟梁
之材皆得終美。貫無百鬼須見角音

庚午天祿承是含輝始育之土氣數未備惟喜旺方。得數已完尚嫌水重若獨祿會

命旺身絕豈是貴地。不假官鬼

辛未祿自藏乃自本立形之土有火相助得木相乘水輕木重亦可以小康若敗而

乘祿多方爲厚載之福。喜見干遇不鬼木重

壬申地天祿乃自任權制之金剛而有斷愛土木而嫌火重雖居財旺身衰亦主清

華之貴。貫假財官貴之爲貴

癸酉貴符印乃剛銳利用之金不嫌絕敗惟畏鬼多若平易而不相刑當有自然之

財器。庚辛無鬼不假官貴

不畏
鬼陷

四

甲戌祿臨官。乃墓成息用之火不求壯旺。欲物平資福祿可以高厚。入格可貴 壬不必官

眞官相制 得鬼孙崇

乙亥地祿承為氣散遊魂之火生于木火榮方上下不逢相制僅而成達多助尤崇。

丙子天祿承乃深沈停會之水若會源得生用制于東南為出常之器。自有眞官 佳期肆位

丁丑祿自守乃漸下欲流之水得水土相承經于敗地源脈不斷可升而濟物功德

昭著也 丑有癸福 不明見官

戊寅地官承乃生體安和之土若資之以火土俱盛金旺之榮雖多反制尚可高崇。

為不常之用 得官不旺 貨出自然

己卯地官承為鬼旺體堅之土生于金重木多而見財重乃富貴常遠。得官不旺 貨出自然

庚辰祿暗會乃顯光之金而未成材金剛土重得期相會無炎火之官乃大臣之制。

不假綜合 賍干�' 期

辛巳地官承爲資始之金身堅而體柔欲平火之制若金助土生則爲光大之器 丙官在下

壬午天官合乃化新之木畏在火強得水資之或處生旺而逢土亦可富貴若獨見 丁壬德合 彩任盯官

金制在死敗之鄉非長久之命

癸未祿自備爲伐根之木氣敗而體柔不嫌金制喜水之榮及會元而借生生乃重 癸在巳中 喜逢甲乙

器成德之材

甲申地祿生乃源泉之水務有資助流長而無鬼則爲運廣之淵可享高厚之福 祿始 要

乙酉貴還命乃母旺進趨之水若資以金濟用以火自乾東而震北亦超卓輔弼之 干支無官 會合而貴

用

丙戌祿德合乃祿資支附堅固火鍾之土若資之以木光耀不羣蓋本重不須旺也

於生旺 而無官

丁亥地賞符乃福壯臨官之土若潤之以水麗澤以金處魁罡坤艮之方可以顯功 <small>自有辛符 不畏偏貴</small>

遂名 <small>賞守官藏 鎮鬼德旺</small>

戊子天祿合乃神龍之火利於震巽不畏水刑支干得官皆可顯用水木盛則尤佳

己丑神頭祿乃餘光不凡之火惟期體重不假寄財若祿有資而命有成方入康榮 <small>自有癸財 不必會祿</small>

之貴局 <small>賞財相會 無祿亦榮</small>

庚寅地奇備不避刑衝審辭衰敗乃五行堅實之木若和柔之氣德貴相符必作顯

揚大用 <small>祿位生旺 得官鬼彼</small>

辛卯貴銜命自旺經制之木不畏霜雪氣節凌雲可制之以金損之以火而逢旺相

卽成巨室之材若平昜而無金火生於曲直之會亦爲貴重矣 <small>祿命相聚 不畏官耗</small>

壬辰祿清潔。乃會貴守成之水五行不雜在兌坎之間無物來制即文明清異之資。

可享高厚之福。喜于寅玄見戊亦清

癸巳地帶合乃流遠澄清之水若溢之以水在火木榮音方中無土則有濟物惠施

之德也。眞煞得用官煞尤清

甲午天符祿乃沙汰之金志大而有節操。或零火蓋之而嚴。或旺金集之而剛不遇

丁壬始可淘 之寶。祿神敗而食干欲娶剛而子染

乙未祿印綬乃強悍剛礦之金欲金相用。在火盛處父子相乘皆爲珍寶。德神當位喜見印官

丙申地官承乃無資之火金木壯旺而有制得干生即爲厚實若祿盛而無依即灰

飛而不焰矣。官在生方不須癸壬

丁酉貴自承乃平易無爲之火得木旺則火炎見木多則成用得火助則不清在火

位則常存人生得此無不貴豪見台丙貴丁遇不清

戊戌神頭祿。乃不材之木。喜逢水旺乃可資榮。豈厭生成伐宜金敗眞運自然不嫌。

祿鬼方可高崇。_{明合暗官成子旺方}

已亥地官承。乃糞水育苗之木。水土多而臨旺。皆有成就。然逢敗絕爲殃。亦主富貴

榮盛_{干支財祿最被官鬼}

庚子天雲日承。乃氣過浮虛之士得重土相資。水木不剛。即享福壽。_{官鬼不刑衰絕自保}

辛丑祿承庫。乃氣衰就本之士。欲承之以火制之以木或重遇木土有刑衝須假祿

元生旺造化應斯功名可立。_{官鬼不加祿則則損}

壬寅地會義乃藏用體柔之金喜土資之以旺。財官不可太剛。若能應此富貴久遠。

癸卯貴會源乃財旺體弱之金財命相乘喜身在生旺之方。或得眞官眞氣無不配

合貴源莫不易而厚祿也。_{財源多會不在多逢}

_{艮土包命祿須發旺}

甲辰祿馬承乃始壯之火欲多生我。或會本源却無炎光之極。自然超卓。水輕而無

土亦可騰達矣。^{甲丙居寅}_{明我生寂}

乙巳地官承乃進功之火欲輔助之不息不必旺極得火水相乘雖死敗而可貴_{或同}^{官殺}

丙午神頭祿乃至陰之水發于陽明。蒸氣氤氳。何所不及。處金木旺而衝刑。祿得炎^{丙亦}_{生寶}

而財盛始可貴矣。^{身同官鬼}_{不避掩衝}

丁未祿文承乃祿旺育生之水宜于水火之中得五行死敗之氣。祿干自旺財貴會

于乾方乃貴富顯揚之用。唯嫌土在旺鄉。卽非長久。^{喜遇丙丁}_{畏會當用}

戊申地符會乃柔順發生之土喜臨四季得木爲榮獨居水火榮方。未得尊高之著。

己酉　貴承乃子旺母衰之土喜火土之榮慶從革之地。或水輕木柔、亦是滋生之

_{眞官符用}_{不畏鬼臨}

德儻能應此。軒冕非難。不必正應要隱辛丙

庚戌祿符元乃鈍弱成用之金火輕金重魁罡相乘可以休逸福祿自然忌木火之

極則命迍蹇。旺逢要鬼遇鬼反榮

辛亥地祿印乃木旺祿休之金得平火之革然後制於尅伐或衝擊於金水之中得喜子金助不畏丁火

以平安守職富貴優遊。

壬子神頭祿乃體柔用剛之木居旺相而得金遇貴地而無火則可以揚名當世。祿旺須官

甲寅神頭祿乃淵深處靜之水若資之木旺土衰則爲奇特貴異。庚辛不畏清在丁壬

立事惟恐生旺逢火。祿居北地長鬼掩衛

癸丑祿得源乃剛柔相濟之木水土承于旺方則生育利物金制於生成皆可立功

音盛長鬼

乙卯神頭祿乃死中受氣之水雖敗無妨或會源于音地未有不達之者此二水皆

喜土而清。若水多而無土則為伏寒之氣。癸為官勝于戊己

丙辰祿自裕乃發施養生之土喜于火助不畏掩衝夫如是者自然榮貴。水在庫中無官自貴

丁己神頭祿。是絕中受氣之土喜逢土助不畏死敗。惟能朝命建元可以文章妙選。

戊午天祿備乃神發離明之火旺中受絕喜木助于衰方忌火乘于巳旺生之應此。

己未神頭祿乃成功之火得季夏之炎陽守小吉之貴地生自東北之南有所資附。

必作魁英。真假居旺木盛不假

則能享福厚矣。甲己扶持不須更旺

庚申神頭祿乃未堅柔末之木春相夏旺金重而得火土重而得水則為出常之器。

辛酉神頭祿乃包結秀英之木喜于生旺忌見金多得土水相乘為物之貴二者各

上下火乘鬼無害也

旺而不得水亦為奇特之才。

壬戌祿官順乃杳冥之水喜于死敗要土之擊發則能博施之功及物也。（不嫌官鬼趣甲為財　以絕自守持躬亦榮）

癸亥神頭祿乃始進成終之水喜逢貴地忌在祿鄉三元相反福慶自然蓋其為用

也大而廣故不可以守常為尚須升而為雨霧散而為江河乃為大用也

此六十位五行支干相乘要分輕重答金溺水下火出水上金不得火之所制金無成也如辛亥之

金是也夫如是而推伏現之情則造化之機自理

成也如甲子乙亥是也金溺水下火出水上木不得全之所制木無

本家貴人全者如甲人有戊有庚有丑有未是也大貴人如甲人得丁丑辛未又其

次也蓋甲年丑上遁得丁未上遁得辛是也更有一種貴人亦為福甚重得者必貴

甲戊庚得乙丑癸未乙得庚子戊申已得丙子甲申丙丁得丁酉乙亥壬癸得乙卯

癸巳六辛得丙寅戊午是也甲陽木戊陽土庚陽金皆喜土位而未得土之正位丑

（鬼谷子以此十二音元行分輻虛之用以推通變之妙者命恐人執守方隅故嘗發顯隱可測造化之觀也）

者土之安靜之地故以牛羊爲賞然細分之則甲尤喜未庚尤喜丑各歸其庫也戊

子戊寅戌午喜丑丑者火人胎養之鄉戊辰戌申戌戌喜未未者本人之庫土人生

旺之地也乙者陰木己者陰土也陰木喜陽水所以鼠猴爲賞然乙尤

喜申申者木之絕鄉也己尤喜子子者坤之正位也丙丁屬火火墓在戌壬癸屬水

水墓在辰辰戌爲魁罡貴人所不臨故尋寄火貴于酉亥寄水貴于卯巳皆歸

靜復之鄉六辛陰金喜陽火生旺之地故以馬虎爲貴雖然宜以納音互換推尋須

皆和則其貴爲福若丙寅火得酉則火至此熄焉足爲貴哉

天乙賞人者三命中最吉之神也若人遇之主榮名早達官祿易進若更三命皆乘

旺氣終登將相公卿之位大小運行年至此亦主遷官進財一切加臨至此皆爲吉

兆。 三命指掌

論貴神優劣。 乙丑交星貴神。 乙未華蓋貴神。威路威亡 丁未退神羊刃貴神。一云中皆 己未羊

刃貴神。　辛未華蓋貴神。

交神貴神。　戊子伏神貴神。　癸未伏神華蓋貴神。〔已上甲戊庚人月日時貴神〕　甲子進神貴神。　丙子

貴神〔一云牛吉〕　丙申大敗貴神。　戊申伏馬貴神。　庚子德合貴神。　壬子羊刃貴神。　甲申截路空亡

〔已上乙已人月日時貴神〕　乙酉破祿貴神。　丁酉喜神貴神〔一云大敗〕　庚申建祿馬貴神。　壬申建祿大敗貴神〔一云牛吉〕

乙酉破祿貴神。　丁喜神貴神〔一云大敗〕　已酉進神貴神。　辛酉建祿交貴神。

祿貴神。　癸卯旺祿貴神。　辛巳截路貴神。　癸巳伏馬貴神。

截路貴神。　乙卯天喜貴神。　已巳正祿馬貴神。

寅文星建祿貴神。　丙寅文星貴神。　丁卯截路貴神〔一云牛吉〕　已卯進神貴神。　辛卯交破

交羊刃貴神〔一云牛吉〕　戊午伏羊刃貴神。　庚午文星截路貴神〔一云牛吉〕　壬午祿旺氣貴神。　甲

癸酉伏神貴神〔一云吉〕　乙亥天德貴神。　丁亥文星貴神。　已酉進神貴神。　辛酉建祿交貴神。

乙亥天德貴神。　丁亥文星貴神。　〔已上丙丁人月日時貴神〕　甲午進神貴神。　丙午

祿馬庫貴神。　癸卯旺祿貴神。　乙巳正祿馬貴神。　丁巳九天祿庫貴神。　己巳九天

祿貴神。　辛巳截路貴神〔一云牛吉〕　甲寅破祿馬貴神。　庚寅破祿馬貴神。　壬寅

截路貴神。　癸巳伏馬貴神。　凡如此已上貴神若與祿

馬同巢不犯交退伏神支干相合者定須官高職清若無德更值空亡交退伏神五

行無氣。至死不貴。緊要在月日時支干相合。則爲吉不然乃庸常流也。此格有三干合爲上支合次之。無合者又次之。如甲子己未此爲上格。蓋甲己合也。無死絕衝破空亡。更有福神助之當極一品之貴。蓋有死絕爲鄙吝殺也。如有死絕衝破空亡之類只作正郎員郎。然多難無福耳。如戊子己丑此爲次格。若無死絕衝破空亡只作正郎員郎。亦須有職名。若有衝破空亡只作一多難州縣官。晚年得至朝官極須作兩制兩省少年登科。當居清要華近之選。更有福神助爲兩府矣。有死絕衝破空亡即作正郎卿監少達歷至清要差遣。減作正郎員郎。若有死絕衝破空亡只作員郎京朝官。更有衝破空亡平生多難只作州縣卑冗之官。縱得改官易口壽不永矣。五命紫虛局貴人交互人多貴旺林開見貴太幾不帶者不貴。更有福神爲之助往往爲兩制矣。若有死絕衝破空亡即作正郎京朝官。更有衝破空亡平生矣如辛未庚寅此爲第三等若無死絕衝破空亡即作正郎卿監少達歷至清要差遣氣相乘館殿資切莫五行傷着主令人開地冷清虛寸珠尺璧凡日月時萬拋見貴太幾不帶者不貴多難只作州縣卑冗之官縱得改官易口壽不永矣貴合貴食有貴合則官位穹崇所作契合有貴食則祿豐足所成過望如甲戊庚貴

李虛中命書卷上終

在丑未甲得巳丑巳未戊得癸丑癸未庚得乙丑乙未乙巳貴在申子乙得庚子庚

中巳得甲子甲申丙丁貴在亥酉丙得辛酉辛亥丁得壬寅壬辰如此之類謂之貴

合甲食丙乙食丁丙丁貴在酉亥甲得丙寅丙辰乙得丁酉丁亥庚食壬辛食癸壬

癸貴在卯巳庚得壬申壬戌辛得癸卯癸巳如此之類謂之貴食有貴合則官多稱

意有貴食則祿多稱意二者兼之官高祿重無往不利天乙貴神合者謂天乙在

貴神亦合上是也甲戌庚在子午乙巳在丑巳丙丁在寅辰壬癸在申戌辛在亥未

皆主大福遇兩合以上者主貴

一七

文姬

洪截

心一堂術數古籍珍本叢刊 星命類

一四八

李虛中命書卷上終

在丑未。甲得巳丑、巳未、戊得癸丑、癸未、庚得乙丑、乙未、己貴在申子、庚

中巳得甲子、甲申、丙丁貴在亥酉、丙得辛酉、辛亥、丁得壬寅、壬辰、如此之類謂之貴

合。甲食丙、乙食丁。丙丁貴在酉亥、甲得丙寅、丙辰、乙得丁酉、丁亥、庚食壬、辛食癸。壬

癸貴在卯巳、庚得壬申、壬戌、辛得癸卯、癸巳、如此之類謂之貴食。有貴合則官多稱

意。有貴食則祿多稱意。二者兼之官高祿重、無往不利。天乙貴神合者謂天乙在

賞神亦合上是也。甲戌庚在子午、乙巳在丑巳、丙丁在寅辰、壬癸在申戌、辛在亥未、

皆主大福。遇兩合以上者主貴。三命提擧

心一堂術數古籍珍本叢刊　星命類

文苑

●文

佛日樓詩始奏集序

衆難

始奏集者吾友合肥李君駿僧三十以前之作也。余自束髮酷嗜歌咏。光宣末葉委身黨籍奮然以革新自任旁騖既繁荄事幾廢民主以來四郊多壘則數數出入兵間爲諸侯客子行篋所積頗私喜得江山助歲甲子秋于役海上每與駿僧以唐人祿命之學資爲談柄時或論詩始獲盡讀駿僧所作諷誦再三竊歎非余之捫篇刻燭所可同日語越一年再見於滬瀆君詩境益深造其初取徑韓孟兀傲排宕往往神似近更浸淫玉谿偶及姚合蛻浮膚攄新意發以奇抱釀於學力散原海藏諸老

宿皆傾服驚羨歎爲能直追古人卓然自成一家者矣駿僧雋才天授風格早成朋

輩有以吾宗嶔谷晚翠軒集相譬者抑知晚翠雖亦冠歲得名而詩境局於誠齋駿

僧則高詣蒼格氣象萬千晚翠遜難早世華而未實駿僧則襟期遠大來軫方遒其

詩與人皆非所當擬君累代貂珥獨不喜矜持門閥而有以自見昔留侯相韓未嘗

一託父兄餘蔭廣自結納卒成佐漢之業余欲駿僧爲民國之留侯不欲其爲遜清

之晚翠茲集其嚆矢也世變日亟駿僧勉之矣。

　詩

　　兵戈行示鮑際唐縣長　　　　　　孝潛

粵自辛亥兵劫開海宇殘燼驚飛灰合肥何恃幸再免得二賢宰支傾頹戈矛攢集。

見袁鮑某縣呈體明前知某肥縣宰擊退大刀會匪旋捕淮泗逍尹此眞健者徐凡才六州前歲陷土寇吏士虐衆禍所胎黜者

二

挾衆復東略。黑夜蟻附南城隈。彈火怒發毒餤合。萬家坐慮遭燔煨袁公先出西集

士衝雨徑率貔貅回前鋒相接迅電激壓境狼豕崩驚雷功成超拔莅淮泗墨吏開

出怨求財[某令橫知令頗縣寡有食墨豎]培克斂怨久乃退眼底突兀來雄魁昨者乘城卻舒寇[鮑知事前知舒城縣事遇六州會匪分股]

來攻君以少禦粟卒解其圍[　]大名傳播及提孩下車里巷歡走告預慶生意回枯荄南北戈旗忽交迫江

淮駭浪高崔巍此邦先隸南旗下北士奔赴爭喧豗指揮萬衆圍四合滅此會食毋

徘徊巨礮震天山嶽動翔空機艇驚鶩鮐居民四竄保殘喘孤城岌岌垂崩摧將軍

崛起王與馬[王金韜馬辟疆爾罪同守合肥]橫刀殺敵勇且材君持一誠通情欸協力禦侮泯嫌猜懸金奮

搏廿晝夜狂寇空爾逞陪鰓大軍數道越江至羣醜飄散如烟埃微聞夷騎蹂村野。

兵死白骨何﨣﨣腹心幸全支體碎刼餘酸痛誰能裁人事顚倒多變態何

異寒暑相盪推袁公去職走滬海鷥鶲高舉難攀陪頗疑碧翁厚我里獨留賢者弴

凶災更蘄長此作保障庶幾遺子承饒培日暮登高望八極烟塵頒洞昏樓臺萬方

急難國士少仰天長嘯悲風來

丁卯三月往上海行未數日鄉里重被兵災追記其事用抒憂慨　前人

南園花事繁〔合肥南城多園林爲一邑勝境〕今春無顏色兵氛忽被境邅迤遭燔虐我初去敝廬戎機伏未

作舟行越巢湖風信來日惡登山望烽火歸路阻蛟鱷闢關抵滬江鄉思坐縈縛書

來述戰史痛定淚仍落吾邑彈丸地南向先有託敵軍利吾盧虎視徑前攪驅衆號

十萬勢欲飽屠掠排空颾輪迴巨彈洞危郭高下毒火攻俄頃懼燋爍城空居無人

山莊寄稚弱〔登口先遷往四鄉周氏齊營山莊〕突騎騁俄夷仇視快一斫轉徙達三河水國暫栖泊〔俄騎至四鄉登口再〕

〔往三河道〕吾黨有方子青皋唉孤鶴推愛及婦孺眞意彌廣莫〔方汝南除屋租客〕危城終莫撼堅特〔俄騎至四〕

如崇嶁將吏工設防乘間復出博久之凶燄熄脆若風掃擽豺虎遠遁竄閭里暫甯

廓兒女奉祖歸老屋益蕭索園圃穢不治未易飽藜藿將士久用命糈餉窮支度輸

財問四民罷勉紛解橐嗟余生事微賣文濟窮約百金數非巨重負邱山若煩憂欲

自愬誰復諒廉諤，鄙吝夙所惡。瓶罄仍傾酌，五十體未憊，甯邊塡溝壑，事過慶生全。

巢燕嬉危幕，余獨抱苦心。啼笑兩無著，含悽歌菀楚，欲羨無家樂。

　　　　　　　眾難

安適孖詩

雪後感興

玉雪參差壓女牆，梅邊負手愛晨光。元知忍凍關芳事，漸覺衝寒有晤香。擇木羽毛

　　　　　　　眾難

容自惜，蟠泥鱗甲亦何傷。殘年風味江鄉好，橘柚登盤又一場。

舊歷除夕漢口德明飯店坐雨

雨中獨客過除夕，江上新春入鼓鼙。三十三年遲暮意，此懷只有枕函知。

斷續時聞爆竹聲，湘波楚岫不勝情。南來小試屠龍手，仗策中原在此行。

舊歷元宵信陽軍次有懷駿僧昆季

輕陰如霧幕林端，柳未成花馬不鞍。一綠盈盈涵雪意，千紅寂寂釀春寒。兵間節物

成孤負海上朋尊隔二難却望兩河氛祲迫幾家燈月得團圞。

　抱冰堂觀梅

抱冰堂畔數株梅飄盡暗香換刧灰祇有樹光長不滅萬鴉城郭照銜杯。

　過江訪劍秋

　黃鶴樓感事寄組盦

江漢相望一葦航結廬鑿徑似吾鄉幾人得似翁從事堅苦兵間說武昌。

關寒暖新霽漁家換笠簑風景不殊城郭異眼中陶侃更如何。

少年意態幾消磨憂患中年漸漸多樓與春山爭一岸江迴楚雨起千波未花樹氣

　春怨

滿意尋春又非江風海雨損芳菲沾泥墜絮渾無主掠水流鶯已亂飛點綴新妝

矜鬢樣纏綿舊恨減腰圍輕寒乍暖誰能料準擬花時稱夾衣

壽飲光三十初度

滄桑惜取少年身一往流光隔幾塵。此士了無門閥氣諸昆同是性情人詩成燕喜。

剛梅雨易甃龍潛各海濱。好與吳淞留掌故朋簪俟命日方新。

飲光

佛日樓詩

納海集

立夏日侍　家大人攜酒周梅泉丈巢園邀陳散原朱古微鄭海藏吳鑑泉徐積

餘夏劍丞袁伯夔李拔可江孝潛諸老及梅丈看杜鵑海藏明日將北行因次梅

丈賞櫻元韻贈別兼呈諸老

納海襟期擁萬葩園開丘壑穩蟲沙移尊盤礴忘賓主秉燭鬚眉影鬢華袖手能豪。

神所勞危冠可溺道非誇詩翁明發隨春去莫惜流霞促夜筵 時街禁甚嚴

客至有所需去而暴雨鬱蒸益甚悶成一絕示培兒

蕩瓦飄林勢已奇不收煩暑更侵幛癡兒悔作雲霓望奪扇爭誇未雨時

戈登路大華園舞場啜茗

挾雨銀箏作水流冰盤分酪點茶甌胡牀不發山林夢坐領塵闤五月秋

眉嬋吐鬢柳絲絲幻影銀燈浸碧池欲譜新詞喚三變曉風殘月按歌時、

雨過蛙聲大作竟夕不寐

閣閣初宜雨耘耘總及時沸宵如有告勞夢不成詩漏永吾能默窗虛日可窺勝天

同藕孔番喜亂笳吹

三十生日太平寺訪印光上人

起看兒女試新衣始覺尊前意氣非不信好春成曉晚空傳綺語鬬嘲譏安心小刼

迷幡動縮手旁人笑道肥 梁雞推命余命 讚新逝甚佳 粥飯馴鐘慚睡鴿連宵穩夢刺天飛

● 詞

拈斝詞

洪裁

菩薩蠻

拈斝卻把微醒解斝開無那朱顏改惆悵倚欄干心情欲語難風絲吹不定柳岸鴉

翻嗅往事已如煙閒愁落照邊

蝶戀斝

誰道春風吹似翦未翦陳愁更把新愁展和雨和煙渾不辨染來碧柳眉深淺　燕

子莫嗟斝落徧依舊年年斝發還如糝珍惜餘芳重繾綣殘紅迴舞深深院

臨江仙

生日寫懷

梁燕語鬧春草草一庭烟雨如醒尊前塊壘總難平情搖飛絮亂愁迴落斝輕　枕

劍聽雞人海外可堪嵩目流橫天公此日醉耶醒未知生我意投袂卬青冥

浣谿沙

搖落山河幾度秋西風吹斷古今愁斜陽無語掛簾鈎。過眼韶光如覆水駐顏何處問浮丘祇宜長醉綠瓊甌。

又

香絮飄零柳鬢殘。一鈎新恨隱眉彎多情猶有月相關。幾處夢迷金屈戌獨醒愁傍玉闌干人間風露不勝寒。

癡音詞　　　　　　　　飲光

阮郎歸　蜜蜂

抱香侵露呷春簾嫩黃羞未捐芳心儘與辨中邊休疑恣口甜。驚蜓夢下關躚含情咽管絃瘦腰偏傍沈郎嫣惹伊同樣憐。

賀新涼

　雨後寄外舅盤溪效稼軒體

一枕推殘暑問丈人萬戶通侯可封此雨散髮溪樓風入骨。吹了閒愁幾縷祇莫引。

傷秋悲賦叉手詩襟雲海闊拍闌干心逐高鴻舉望遠氣恣公吐　閉門半載瞪門

路鎖蘭成鏡顏憔悴帶寬多許都道銷愁宜蠟屐爭奈驢疲客去但藥裹書籤無緒。

不管庭淒梧葉碎更繩牀悉蟹聲聲訴鈎人月儘眉嫵

觀瀑詞　　　　　　　庚白

浪淘沙

　秋思

秋雨黯生涼單枕江鄉琴歌只隔小紅牆待覓曉來無限意奈叉昏黃　林際幾斜。

陽銷盡秋光一燈樓角暗迴腸樓外綠陰開數遍獨自思量

《命學苑苑刊—新命》附《名造評案》《名造類編》等

投稿簡章

一、來稿文體不拘文言白話均所歡迎

二、來稿望繕寫清楚

三、稿未請註明姓名住址以便通信至揭載時如何署名聽投稿者自定

四、來稿揭載與否本苑不能預覆原稿亦概不檢還惟長篇在五千字以上者如未揭載得以預先聲明並附寄郵資寄還原稿

五、來稿俟揭載後酌致薄酬如下

（甲）每篇酬現金五元至五十元

（乙）酌酬本苑刊物

（丙）尤以關係之稿特別從優議酬

六、來稿揭載後其酬報之額本苑酌定不預先函商若投稿人欲自定數目者請於寄稿時聲明

七、來稿經揭載後其著作權即為本苑所有若本苑尚未揭載已先在他處發布者恕不致酬

八、來稿本苑得酌量增刪之但投稿人不願他人增刪者可於投稿時預先聲明

九、投稿者請寄上海威海衞路命學苑編纂處

民國十六年十月
夏歷丁卯九月 初版

▲新命▼第一集

每册定價大洋

編輯者　命學苑編纂處

發行者　命學苑　上海威海衞路

《命學苑苑刊—新命》附《名造評案》《名造類編》等

一六一

一